LA
PROPRIÉTÉ TERRITORIALE

ET

L'IMPOT FONCIER

SOUS LES PREMIERS CALIFES

ÉTUDE SUR L'IMPOT DU KHARÂG

PAR

MAX VAN BERCHEM

THÈSE

PRÉSENTÉE A LA FACULTÉ DE PHILOSOPHIE DE L'UNIVERSITÉ DE LEIPZIG
POUR OBTENIR LE GRADE DE DOCTEUR

GENÈVE
H. GEORG, LIBRAIRE DE L'UNIVERSITÉ
BALE ET LYON : MÊME MAISON
1886

LA
PROPRIÉTÉ TERRITORIALE

ET

L'IMPOT FONCIER
SOUS LES PREMIERS CALIFES

ÉTUDE SUR L'IMPOT DU KHARÂG

10:.: 18

PAR

MAX VAN BERCHEM

THÈSE
PRÉSENTÉE A LA FACULTÉ DE PHILOSOPHIE DE L'UNIVERSITÉ DE LEIPZIG
POUR OBTENIR LE GRADE DE DOCTEUR

GENÈVE
H. GEORG, LIBRAIRE DE L'UNIVERSITÉ
BALE ET LYON : MÊME MAISON
1886

GENÈVE. — IMPRIMERIE CHARLES SCHUCHARDT

Le point de départ de ce travail est la traduction du chapitre de Mâwerdi sur l'impôt du kharâg. Un sujet aussi spécial exigeait quelques explications préalables, qu'il eût été impossible d'introduire dans des notes ; en outre, les recherches sur l'impôt foncier sont intimement liées à une question d'un ordre plus général, celle de la propriété territoriale. Dans les travaux publiés à ce sujet par les savants les plus compétents, on s'est placé le plus souvent au point de vue juridique, et l'on s'est appuyé sur des ouvrages et des recueils de droit dont la date est relativement récente [1]. A l'époque où ces recueils apparaissent, la théorie a pris naissance et les opinions sont déjà partagées sur bien des points. Si l'on veut assister à la genèse des institutions musulmanes, il faut consulter les historiens et spécialement les chroniqueurs de l'époque des conquêtes.

C'est en remontant jusqu'aux origines de l'Islam qu'on a rassemblé dans les pages suivantes quelques faits relatifs à l'impôt foncier et à la propriété territoriale sous les premiers califes ; on verra que la plupart des institutions relatives à la condition des terres et à leur imposition se trouvent en germe dans les actes et les décrets de Mahomet. Nous en suivrons le développement sous Omar, en indiquant seulement quelques faits postérieurs à ce calife et en essayant de dégager de la masse des institutions musulmanes les emprunts faits aux peuples vaincus.

[1]. Voir entre autres : de Sacy, *Recherches sur la nature et les révolutions du droit de propriété territoriale en Égypte* ; von Hammer-Purgstall, *Ueber die Länderverwaltung unter dem Chalifate* (quelquefois inexact) ; Worms, *Recherches sur la constitution de la propriété territoriale dans les pays musulmans* ; Belin, *Étude sur la propriété foncière, Journ. Asiat.*, 1861-1862 ; von Tornauw, *das Eigenthumsrecht nach moslemischem Rechte*, et les sources citées par cet auteur ; voir aussi les nombreux recueils de droit musulman publiés en Europe et les ouvrages magistraux de M. de Kremer.

A ce chapitre d'histoire se joindra la traduction du fragment de Màwerdî.

Il est inutile d'insister sur l'importance de Màwerdî pour l'étude des institutions politiques de l'islamisme. Il offre pour nous un intérêt spécial, parce qu'il s'appuie sur des auteurs plus anciens dont les ouvrages ont presque tous disparu, et qu'ainsi il remonte souvent à la première époque du califat. Les noms de Mahomet et d'Omar resteront liés à la plus grande page de l'histoire musulmane, l'ère des créations politiques et religieuses, et les écrivains se reportent constamment à cette période de leur histoire nationale.

Nous devons à l'obligeance de M. Schefer la communication de son manuscrit du Kitâbu'lkharàg de Qodâma et d'un ouvrage analogue d'Ibn Adam Qoraší que nous n'avons malheureusement pas eu le temps de mettre suffisamment à contribution ; que le savant directeur de l'École des langues orientales reçoive ici tous nos remerciements. La bibliothèque royale de Berlin a bien voulu mettre à notre disposition le manuscrit du Kitâbu'lkharàg d'Abû Yûsuf, dont il vient de paraître une édition au Caire. Cet ouvrage nous étant parvenu au dernier moment, nous avons laissé dans les notes les numéros des folios du manuscrit de Berlin et indiqué en parenthèse la page correspondante de l'édition du Caire là où nous avons pu comparer les deux textes ; ils ne présentent d'ailleurs que de légères différences.

Voici les seules abbréviations adoptées dans les notes :

Bel. = Belâdhori, *Liber expugnationionis regionum*, éd. de Goeje.

Màw. = Màwerdî, *Constitutiones politicæ*, éd. Enger.

Qod. = Qodâma, les chiffres romains indiquent les *manzil*; les chiffres arabes se rapportent aux chapitres.

Nous avons adopté un système de transcription dont nous ne nous sommes écartés que pour les noms propres et pour quelques mots arabes employés couramment en français.

Enfin nous exprimons notre sincère reconnaissance à Messieurs les professeurs Fleischer, Krehl et Sachau pour leurs précieuses indications et leurs bienveillants conseils.

LA
PROPRIÉTÉ TERRITORIALE

ET

L'IMPOT FONCIER

SOUS LES PREMIERS CALIFES

——◆——

I

Origines de la propriété territoriale.

L'organisation de la propriété territoriale dans les pays musulmans se rattache au nom même de Mahomet, et comme toutes les institutions du Prophète, elle est empreinte d'un caractère essentiellement religieux.

Le Coran enseigne que « la terre est à Dieu, qui en accorde la jouissance à ses serviteurs, selon son bon plaisir » (S. 7, v. 125). Mais pour être mis en pratique, ce droit de propriété doit être transmis au Prophète, le représentant de Dieu sur la terre ; celui-ci en dispose en faveur des disciples de l'Islam et le transmet à son tour à ses successeurs. De là ce dogme fondamental de la tradition musulmane : « La terre est à Dieu, à son Prophète et aux musulmans [1]. »

[1] Bokhârî, édit. Krehl, t. II, p. 72 et 294.

Ainsi le code civil et religieux fondé par Mahomet attribue en première ligne aux musulmans le droit de propriété foncière. Ici se dresse déjà la barrière qui sépare les vrais croyants des infidèles, et qui influera sur le développement ultérieur de la propriété territoriale. Ce dogme est si absolu, que la loi musulmane considère comme usurpées toutes les terres qui ne sont pas soumises à l'Islam, et les désigne sous le nom générique de territoire ennemi (*dâru'lḥarb*), par opposition au territoire musulman (*dâru'l-islâm*).

On le voit, la loi musulmane admet dès l'origine et d'une manière absolue le droit de propriété sur la terre ; la réalité de ce droit, que plusieurs savants ont contestée, ressort à chaque instant de l'étude des institutions mahométanes [1].

Cette propriété peut être directe et personnelle ou indirecte et commune ; expliquons ces termes :

Les musulmans forment, à l'origine, une étroite association basée sur la communauté religieuse et sur la communauté des intérêts matériels. Le but de cette association est la propagation de l'islamisme, le moyen employé est la conquête. Chaque membre de la communauté reçoit sa part des bénéfices accordés par Dieu, c'est-à-dire réalisés par la conquête. De ce principe découlent deux faits primordiaux relatifs aux biens acquis par la conquête :

1° Partage immédiat, en vertu du droit de la guerre, des biens de tout genre conquis les armes à la main, entre ceux qui ont pris part au combat ; ces biens forment le butin (*ghanîma*).

2° Droit de la communauté tout entière aux biens acquis par traité de paix (*çulḥ*), soit à la suite d'un combat, soit après une soumission spontanée.

Les premières terres conquises par Mahomet aux environs de Médine subissent cette double loi. Les territoires de Khaibar

---

[1] Nous renvoyons à ce sujet aux arguments irréfutables présentés par le baron de Tornauw (*Das Eigenthumsrecht nach moslemischem Rechte*, Z. D. M. G. XXXVI, p. 285).

et de la tribu juive des Benû Quraiẓa, enlevés de vive force, sont partagés entre les combattants après le prélèvement du quint [1]. L'insistance avec laquelle, dix ar̓ plus tard, les conquérants de l'Irâq en réclament le partage des mains d'Omar montre que cette coutume leur était devenue familière.

Les premières terres annexées par traité de paix sont aussi des districts voisins de Médine [2]; elles font partie de ce que la loi musulmane appelle le *fei*.

Ce terme signifie proprement « retour, » impliquant ainsi l'idée que les biens pris à l'ennemi appartiennent de droit aux musulmans, auxquels ils sont rendus par la conquête; cette idée a été exprimée dans les lignes précédentes au sujet de la terre [3]. Fei désigne donc, dans un sens primitif et très étendu, tous les biens pris, ou si l'on veut, repris à l'ennemi. Dans ce sens, il s'applique aussi au butin (Bel. p. 23); mais en général le fei ne comprend que les biens acquis par voie pacifique et mis à part du butin; or, comme ce dernier était toujours partagé entre les vainqueurs à titre de propriété privée, fei devint le terme consacré pour les biens acquis sous forme indivise à l'islamisme tout entier [4].

---

[1] Mâw. p. 295. Bel. 1er chap. Le quint se prélevait sur le fei et sur le butin; le Coran en fixe exactement l'emploi (S. 59, v. 7; S. 8, v. 42). Les juristes subdivisent le quint du fei en cinq nouvelles parts dont ils fixent aussi l'emploi (Mâw. p. 218 et 292 ss.). Le quint se prélevait aussi sur la terre (Qod. VII, 2). Voyez aussi Bokhârî, t. II, p. 270. Abû Yûsuf, f° 12v (p. 11). Qorašî, f° 4r.

[2] Le territoire des Benû'n-naḍîr, partagé plus tard; ceux de Fadak, de Wâdi'lqurâ, de Teimâ et une partie de Khaibar. A Fadak, Mahomet laissa la moitié des terres en propriété aux habitants. Suivant Ibn Hišâm, Wâdi'lqurâ fut aussi partagé. La partie de Khaibar qui ne fut pas partagée représentait le quint du butin (Qod. VII, 2). Voyez Bel. 1er chap. Mâw. p. 293.

[3] Voir Lane, *Dictionnaire*, et l'explication différente donnée par Qod. VII, 1.

[4] La loi du butin n'était pas appliquée d'une manière absolue aux terres prises les armes à la main; déjà sous Mahomet, une partie de ces terres, au lieu d'être partagées, furent rattachées au fei. La raison de

Peu à peu l'administration se crée et se régularise, et les biens du fei donnent des revenus réguliers qui forment une caisse particulière de l'État ; mais il ne faut pas le confondre avec le *beitu'lmâl;* ce terme plus général désigne l'ensemble des revenus de la communauté [1]. L'emploi du fei subit des modifications analogues, comme on le verra tout à l'heure. Aussi ce terme pouvant prêter à l'équivoque, nous désignerons désormais les terres de la deuxième catégorie sous le nom de terres annexées.

Comment le droit de la communauté s'exerçait-il sur les biens du fei et spécialement sur les terres annexées ? En vertu de la loi établie plus haut, Mahomet avait sur ces terres un droit de disposition absolu. « La terre acquise par traité de paix est à Dieu et à son Prophète, » dit Bokhâri (t. II, p. 294). En se réservant le droit de propriété, Mahomet employait les revenus en faveur de la communauté (*fì maçâlihi'l'âmmati*). Il en gardait une faible partie pour son entretien et celui de sa famille, et le reste passait en aumônes, en dépenses d'utilité publique (*fì maçâlihi'lmuslimina, fì sabili'llâhi*) [2].

cette exception est donnée par le Coran (S. 59, v. 6), et on la retrouve plus tard au sujet des territoires conquis sous Omar (Bel. p. 266). De là l'apparente contradiction entre Mâw. p. 218 :

الفيء ۰ كلّ مال وصل من المشركين عثوا من غير قتال

et Qod. VII, 1 :

الفيء ۰ ما غلب المسلمون عليه من بلاد العدوّ قسرا بالقتال

Dans cette dernière phrase, fei est pris dans son sens primitif et général, sens qu'on trouve dans les dictionnaires classiques.

[1] Le fei ne forme donc qu'une partie du beitu'lmâl. Sur ces deux termes, voir von Tornauw, *op. cit.,* p. 306 et 311. C'est avec raison que ce savant place après la mort de Mahomet l'institution du fei comme caisse particulière de l'État, car le Coran emploie encore ce mot dans son sens primitif. Remarquons cependant que le fei est beaucoup plus ancien que les autres caisses dont l'auteur parle à la page 311.

[2] Sur l'emploi du fei, voir Coran, S. 59, v. 7, avec le commentaire de Beidâwi. Mâw. chap. 12. — Le revenu de Fadak était spécialement réservé à la famille de Mahomet.

Enfin, il donnait une partie de ces terres à des musulmans à titre de concession territoriale (*iqtâ'*). Ces concessions étaient-elles de propriété ou d'usufruit ? Il est permis de se décider en faveur de la première alternative, puisque les musulmans possédaient dès l'origine le droit de propriété foncière. D'ailleurs on trouve des exemples fort anciens de concessions vendues par les concessionnaires ou héritées par leurs enfants. Nous reviendrons plus loin sur cette question ; bornons-nous ici à constater que la concession foncière est une création de Mahomet.

Par l'institution du fei, le Prophète associait étroitement ses intérêts à ceux de la communauté. Comme représentant de Dieu, il possédait un pouvoir absolu sur les biens dont la jouissance émane de Dieu; comme chef de l'Islam, il en disposait au profit des musulmans. Sa fortune personnelle se confondait ainsi avec celle de la communauté, et à sa mort, les biens du fei sont absorbés par le Trésor public (beitu'lmâl). Dès lors, le fei forme une caisse du Trésor affectée à toutes les dépenses d'utilité publique. Voilà qui explique pourquoi les auteurs attribuent le fei tantôt à Mahomet, tantôt à la communauté (Mâw. p. 292).

Les terres faisant partie du fei subissent la même opération. Malgré les revendications des héritiers de Mahomet, elles sont saisies (*mahbûs*) et immobilisées (*mauqûf*) au profit de la communauté[1]. Le sol devenait ainsi une chose sacrée qui échappait à toute modification juridique ; en un mot, les terres annexées étaient converties en *waqf*. Dès lors, les successeurs de Mahomet n'en étaient plus que les administrateurs au nom de la communauté et n'y avaient aucun droit de propriété. Ce droit était-il transmis à la communauté même ? Les termes de la loi musulmane n'étant pas parfaitement positifs à cet égard, cette question a soulevé un débat juridique auquel il ne nous appartient

---

[1] Abû Bekr, repoussant les prétentions de ces héritiers, cite à Fatime un mot du Prophète : « Ces biens sont une subsistance que Dieu m'a accordée pendant ma vie; quand je mourrai, *ils iront aux musulmans* » (Bel. p. 31 ; tradition semblable à la page 30).

pas de prendre part ici, car les ingénieuses déductions tirées par M. de Tornauw reposent en grande partie sur des subtilités juridiques qui n'étaient point encore nées à l'époque de Mahomet. L'intention évidente du Prophète était d'assurer à tous les musulmans futurs la jouissance des revenus du fci, comme il en avait disposé de son vivant ; mais nous ne savons s'il fixa rien de précis à l'égard du droit de propriété des terres annexées, puisque le Coran ne renferme aucune prescription relative à l'acte du waqf. Cependant nous croyons que dès l'origine la condition des terres de waqf était celle d'un domaine d'État dont le fonds restait inaliénable ; c'est dans ce sens qu'il faut interpréter l'expression de propriété indirecte qui a été employée au début de ce travail.

Ainsi l'institution du waqf, qui forme encore aujourd'hui un des points fondamentaux de la législation musulmane sur la propriété, a son point de départ précis dans la transformation opérée à la mort de Mahomet sur la propriété des biens du fci [1].

Le droit de conquête étant basé sur l'antagonisme religieux, les vaincus qui embrassaient immédiatement l'islamisme gardaient la propriété de leurs biens, et contribuaient à grossir la classe des propriétaires fonciers musulmans.

On peut donc, en résumant ce qui a été dit jusqu'à présent, fixer les traits généraux suivants pour la propriété territoriale de l'Arabie à la mort de Mahomet (il ne s'agit naturellement que des terres productives) :

1° Terres de propriété privée, laissées aux propriétaires au moment de leur conversion ou provenant du butin partagé entre les vainqueurs.

2° Terres annexées par Mahomet et immobilisées sous forme de waqf à la mort du Prophète.

_____

[1] Le terme de *waqf* est déjà employé avec celui de *ḥubs* pour désigner les terres annexées par Mahomet (Bel. p. 20, 25, 30. Mâw. p. 291, 303. Qoraîl, 1er fº. Coran, S. 7, v. 125, avec le comment. de Beidâwî). Sur la valeur juridique de *waqf* et de *ḥubs* et sur le débat relatif au droit de propriété, voir von Tornauw, *op. cit*, p. 297-306.

Mentionnons comme catégorie à part les terrains incultes
et sans propriétaire (mawât), dont Mahomet pouvait disposer
à son gré. On sait que les lois relatives à ces terres forment
un chapitre important de la juridiction foncière. Ces lois ne tou-
chent qu'indirectement à notre sujet ; constatons seulement ici
que le droit de disposition des terres incultes, droit que les
califes ont toujours possédé et qu'ils exerçaient au moyen de la
concession foncière, remonte également à l'origine de l'Islam [1].

Enfin on trouve dès cette époque en Arabie une autre classe
de terres faisant également partie du fei, celles des pays alliés
ou tributaires ; il en sera question tout à l'heure. Il reste auparavant à résoudre la question suivante : quelle était l'expression
matérielle du droit de la communauté sur les terres annexées,
c'est-à-dire par quels procédés économiques entrait-elle en possession des revenus dont Mahomet lui avait légué la jouissance?
Cette question nous amène directement à l'origine de l'impôt
foncier.

[1] Voir la division donnée par Mâw. p. 291. Sur les mawât, voir Mâw.
ch. 15, traduit par M. de Kremer dans les *Sitzungsberichte der k. k. Acad.
der Wissensch., philos.-histor. Classe*, Wien, 1850, IV, p. 267. Qod. VII,
6. Abû Yûsuf, f° 36′ (p. 36). Bokhâri, t. II, p. 71, et tous les ouvrages
de droit musulman; von Kremer, *Culturgeschichte des Orients unter
den Chalifen*, t. I, p. 444; von Kornauw, op. cit., p. 327. Ce dernier ouvrage
mentionne aussi la loi suivante : Tout ce qui croît sans être cultivé de
main d'homme ne peut devenir propriété privée; la jouissance en est à
tous. Sur cette loi et les autres relatives au *harâm* de la Mecque et du
Hedjâz, voir Mâw. ch. 14. Mentionnons également la loi de Mahomet
défendant la vente et la location des immeubles (*ribâ′*) de la Mecque;
ils sont au premier occupant, mais seulement à titre de jouissance
(Mâw. p. 285; Coran, S. 22, v. 25, avec le comment. de Beidâwi; Bel.
p. 23). Cette loi dut bientôt tomber en désuétude, puisque Omar II
essaya de la remettre en vigueur (Bel. p. 43). A l'époque de Mâwerdi,
elle n'a plus qu'une valeur historique. Les deux lois dont nous venons
de parler sont des manifestations particulières du waqf.

II

Premières redevances foncières.

Tous les propriétaires musulmans payaient la dîme de leurs récoltes. Cette loi générale souffrait de nombreuses modifications suivant la qualité des terres, le mode d'irrigation, etc.; ainsi il y avait une double dîme (*khums*) et une demi-dîme (*niçfu'l'uṣr*). La dîme faisait partie du droit d'aumône institué par le Coran; l'aumône était aux yeux des musulmans un devoir moral et surtout religieux, mais ils ne la considéraient point comme un impôt semblable aux autres [1]. Aussi l'administration de l'aumône, beaucoup moins vexatoire que celle des autres impôts, resta toujours à part dans les comptes de l'État [2]. La dîme des récoltes forme donc un chapitre absolument distinct de celui de l'impôt foncier proprement dit; nous aurons d'ailleurs l'occasion d'y revenir incidemment; passons de suite aux terres annexées.

[1] S. 2, v. 40; 9, v. 104; 18, v. 93; 23, v. 74, etc. *Zakât* désigne l'aumône légale et obligatoire sous forme d'impôt, *çadaqa* s'applique aux aumônes gratuites, inspirées par la charité privée (von Tornauw, *op. cit*, p. 307 et 314); cependant ce dernier terme est souvent employé dans le sens du premier.

[2] Mâw. p. 209. Les musulmans pouvaient même acquitter leur droit d'aumône sans l'intermédiaire du percepteur (*wâlï'ç-çadaqa*); un serment dans ce cas servait de preuve; mais si l'on refusait de la payer, elle pouvait être prélevée de force. Les revenus de l'aumône étaient affectés à une classe particulière de musulmans (Mâw. p. 210). Cet auteur distingue toujours les employés de l'aumône des employés du fei; même distinction entre *ahlu'ç-çadaqa* et *ahlu'lfei*. Sur les autres propriétés frappées du droit d'aumône et sur la dîme, voir Mâw. ch. 11; Qod. VII, 1 et 4; Abu Yûsuf, f° 39ᵛ, 42ᵛ (p. 39 et 43). Bel. p. 56, 70 et *passim; Culturgeschichte*, t. I, p. 50.

Le Prophète, en privant de leurs droits de propriété les habitants de ces terres restés fidèles à leur religion, les y avait maintenus à condition de cultiver la terre et de lui livrer une partie de la récolte. Ils achetaient ainsi, en quelque sorte, le droit de demeurer, eux non-musulmans, sur territoire musulman. Ce droit d'occupation octroyé par Mahomet était très réel, et Omar le reconnut, lorsqu'en chassant les non-musulmans de l'Arabie, il leur assigna des terres en Syrie et en Mésopotamie (Bel. p. 25). Mais c'était en même temps une obligation, car ils ne pouvaient quitter à leur gré les terres qu'ils cultivaient. Leur condition se rapprochait de celle des colons de l'Empire romain, si l'on fait abstraction de la position particulière où leur religion les plaçait vis-à-vis des musulmans.

Ces dispositions, d'ailleurs, s'appliquaient seulement aux peuples appelés *ahlu'lkitâb*, c'est-à-dire possédant une religion dont la révélation divine est admise par le Coran (Chrétiens, Juifs et Mages). Les Arabes idolâtres ne pouvaient choisir qu'entre la conversion et la mort.

Quant aux habitants des terres de butin, s'ils n'étaient pas chassés ou mis à mort, ils faisaient partie du butin et devenaient esclaves (*raqib*); comme tels, ils ne jouent aucun rôle dans la question des terres [1]. Cependant, Mahomet leur accordait quelquefois, pour des raisons économiques, les mêmes conditions qu'aux habitants des terres annexées [2].

La redevance fixée par Mahomet était la moitié des récoltes; c'est du moins la proportion arrêtée pour Khaibar, Fadak,

---

[1] Bokhârî, t. II, p. 47 et 49. Qod. VII, 2. Von Tornauw, *op. cit*, p. 297. Les Benû'n-nadir furent mis à mort, les Benû Quraiza furent expulsés de leurs terres.

[2] Belâdhorî donne pour raison le fait que Mahomet n'avait pas sous la main d'esclaves pour leur en confier la culture et que les musulmans auxquels revenaient les parts de butin ne pouvaient s'en charger eux-mêmes, probablement à cause de leur inexpérience en matière d'agronomie (p. 24). Voir aussi Qorâšî, fº 5ᵛ. Les musulmans primitifs étaient des citadins; ce fait explique en grande partie la création de domaines d'État cultivés par les anciens possesseurs du sol.

Teimâ et Wâdi'lqurâ. A Khaibar, un envoyé spécial évaluait chaque année les récoltes et faisait deux parts égales (Bel. p. 24).

Les contrats qui réglaient les rapports de ces cultivateurs avec Mahomet sont appelés *mo'âmala,* et aussi, avec une nuance particulière, *mosâqât, mozâra'a;* on rencontre dans le même sens le terme *qabâla,* mais il est évidemment postérieur. Ces termes juridiques désignent à l'origine des contrats passés pour la culture d'une terre entre deux parties, soit entre un propriétaire et un fermier, soit entre l'État et les cultivateurs de ses domaines [1]. Cette circonstance est une raison de plus pour considérer les terres annexées comme étant dès l'origine de véritables domaines d'État.

Enfin le terme de *moqâsama* apparaît à la/même époque et s'applique, comme les mots précédents, à des contrats de fermage et de location foncière [2]. Il signifie proprement « acte de partage » et, dans un sens concret, « partie de la récolte livrée par le cultivateur au propriétaire. » Par une extension naturelle, ce terme s'appliquera plus tard à toute une caté-

[1] *'âmalahu 'alâ kadhâ,* passer un contrat avec quelqu'un, lui allouer la culture d'une terre moyennant une partie de la récolte qu'on lui laisse comme salaire (Gloss. Bel.). *Mo'âmala,* d'abord l'action, ensuite le contrat lui-même. — *Mosâqât* et *mozâra'a* sont des *pars pro toto,* les idées de semailles et d'irrigation étant étendues à la culture en général. Sur ces mots et leurs synonymes *khâbara, âkara,* etc., voir Lane, *Dictionnaire.* Sur *mozâra'a,* voir Shîrâzî, *Jus shafiiticum,* éd. Juynboll, p. 144. Bokhârî, t. II, p. 67. La définition du terme est donnée par Qastalânî dans son commentaire de Bokhârî, éd. Boulaq, vol. IV, p. 191. — Sur *mosâqât,* voir Shîrâzî, *op. cit.,* p. 142. — Sur *qabâla* et *qibâla,* voir Gloss. Bel. — Voir aussi le glossaire de Dozy pour Ibn Adhârî, II, 38, et les dictionnaires arabes. Abû Yûsuf emploie ces quatre mots pour désigner les contrats de Mahomet.

[2] Bel. p. 27; Bokhârî, *passim.* — Par leur nature réciproque, ces verbes peuvent avoir pour sujet l'une ou l'autre des deux parties, comme le français *louer.* Il faut pourtant faire la distinction suivante: *mo'âmala 'alâ'r-rub'i* est un contrat fixant pour les cultivateurs le quart de la récolte; *moqâsama 'alâ'r-rub'i* un contrat fixant que le cultivateur livrera le quart de la récolte.

gorie d'impôts fort importante dans l'administration musulmane : les impôts fonciers proportionnels à la récolte et payables en nature. Ainsi c'est aux contrats passés entre Mahomet et les cultivateurs des terres annexées qu'il faut faire remonter les premières prescriptions relatives à l'impôt foncier.

III

Les pays alliés.

Nous désignons ainsi les pays avec lesquels le Prophète avait conclu un traité particulier, appelé *'ahd;* il importe de les distinguer des terres annexées [1].

A l'origine, ce mot désigne un traité d'alliance entre tribus (*ḥilf*) ou une trève entre deux adversaires (*qadiyya, mudda*). Mahomet transporte cette coutume sur le terrain religieux et l'applique aux infidèles, qui sont les ennemis naturels de l'Islam.

Le signe extérieur du traité est le *kitâb*, l'acte officiel par lequel le Prophète leur accorde la sauvegarde de leurs personnes (*amân*), la possession de leurs biens, la liberté religieuse et la protection de l'Islam (*dhimmatu'llâhi warasûlihi*). En retour, ceux-ci payent la capitation (*gizya*) et observent certaines conditions spécifiées par le traité; ce dernier était valable aussi longtemps que les alliés en observaient les conditions [2].

---

[1] Cette mesure ne s'applique naturellement qu'aux *ahlu'lkitâb.* *'Ahada,* parent de *'âda,* revenir ; au figuré : se rappeler, rappeler (*mahnen*), fixer à quelqu'un certaines conditions. Voir Gloss. Bel. *sub voce mudda* et *qadiyya.* Nous reviendrons sur les diverses acceptions de ce mot appliqué aux peuples alliés.

[2] Coran, S. 9, v. 4 et 12. Sur la dhimma, S. 9, v. 8 et 10; sur la gizya, S. 9, v. 29. La gizya apparaît déjà à Teimâ (Bel. p. 34); ailleurs (p. 68), Negrân est indiqué comme le premier pays soumis à cet impôt. Sur l'ori-

Les premiers traités conclus par Mahomet furent ceux de Negrân, de Tebûk, de Maqnâ, d'Algerbâ, le traité passé avec l'évêque d'Ailâ, puis ceux du Yemen, d'Oman et de Bahrein [1]. Tandis que les cultivateurs des terres annexées étaient soumis aux lois musulmanes, les peuples alliés gardaient une certaine autonomie politique; il est probable aussi qu'ils conservaient dès cette époque la propriété de leurs terres. En effet, une partie de Fadak et de Wâdi'lqurâ avait été laissée aux habitants en toute propriété, et lorsque Omar en chassa les habitants, il fit évaluer ces terres et leur en remboursa la valeur[2]; on peut supposer à plus forte raison que ce privilège s'étendait aux alliés, dont la dépendance était bien moins étroite que celle des habitants des terres annexées. Nous verrons que plus tard ce droit est positif, et que Mâwerdî en fait le caractère distinctif des peuples alliés; mais il ne faut pas vouloir déterminer trop exactement la situation politique de ces peuples et la condition juridique de leurs terres à une époque où le droit n'était pas encore fixé, et où les décisions toute personnelles de Mahomet laissaient une grande place à l'arbitraire.

Outre la capitation, ces provinces payaient aux musulmans un tribut annuel, tantôt en objets divers (armes, produits

gine du terme, Mâw. p. 246; c'est probablement, comme la capitation romaine, un rachat de l'esclavage. Voir aussi Bokhârî, t. II, p. 291 ss. Abû Yûsuf, f° 67ᵛ (p. 69); *Culturgeschichte*, t. I, p. 59 et 439.

[1] Bel. 1ᵉʳ chap. Yaqûbî, éd. Houtsma, t. II, p. 70. Abû Yûsuf, f° 40ᵛ (p. 40).

[2] Bel. p. 29. Mâw. p. 295. Faut-il voir une opération analogue dans la phrase de Bel. p. 66 : واشترى عقاراتهم ؟ L'ensemble de la construction paraît s'y opposer. D'ailleurs on sait que les habitants de Negrân reçurent à leur expulsion des terres en Syrie et dans l'Irâq. Les habitants de Daumatu'lgendal, qui conservèrent la propriété de leurs terres, auraient adopté l'Islam (Bel. p. 61). Cependant Ibn Qoteiba (*Handbuch der Geschichte*, éd. Wüstenfeld, p. 82) dit que Mahomet leur imposa la gizya, ce qui prouverait le contraire. Dans ce cas, nous aurions une preuve directe du droit de propriété foncière des peuples alliés déjà sous Mahomet; ce droit d'ailleurs ressort assez positivement des termes des traités.

industriels, chevaux, chameaux, etc.), tantôt en redevances sur
les produits du sol. Celles-ci portent aussi le nom de moqâsama,
c'est-à-dire qu'elles sont proportionnelles à la récolte, comme
celles qui frappaient les terres annexées. A Bahrein, la moqâsama était à mi-fruits sur les palmiers et les céréales [1]; à
Maqnâ, les Juifs livraient le quart de leurs récoltes aux musulmans [2]; enfin, Omar fixa pour les chrétiens de Negrân la
moqâsama des deux tiers de la récolte pour les terres arrosées naturellement, et d'un tiers pour celles qui exigeaient une
irrigation artificielle [3]. Tous ces tributs, comme la capitation,
faisaient partie du fei.

Ainsi on trouve déjà sous Mahomet les pays soumis à l'Islam
divisés en deux zones principales, l'une formant le noyau du
territoire musulman (dâru'l-islâm), l'autre comprenant les
terres alliées et tributaires [4]. Mais, sur toutes ces terres, l'impôt n'apparaît que sous la forme d'une redevance en nature
proportionnelle à la récolte. Le sol lui-même n'est pas atteint,
c'est-à-dire que l'impôt basé sur la mesure du terrain est in-
connu aux contemporains du Prophète; la même remarque
s'applique à l'impôt foncier payable en argent. Il ne faut point
chercher en Arabie l'origine de pareils systèmes d'imposition,
peu compatibles avec l'existence patriarcale des premiers musulmans. L'impôt proportionnel en nature est un système primitif qui se retrouve partout au début des États civilisés et qui

---

[1] Bel. p. 79. — *tamr* et *habb*, c'est-à-dire les deux récoltes les plus
importantes du pays.

[2] Bel. p. 60.

[3] Abû Yûsuf, f° 49ᵉ (p. 48, *ult.*). Si cette tradition est exacte, il faut
probablement la reporter aux premières années du califat d'Omar,
avant l'expulsion des chrétiens.

[4] M. Sprenger divise les pays de l'Arabie en provinces immédiates
(*unmittelbare Provinzen*) et pays alliés (*Schutzländer*). Cette division
repose seulement sur la manière d'acquitter le droit d'aumône; nous
voyons avec plaisir que nous sommes arrivés, par une voie différente,
au même résultat que le savant orientaliste (voir von Kremer, *Geschichte
der herrschenden Ideen des Islams*, p. 314).

a peut-être existé de tout temps parmi les tribus de l'Arabie[1].

L'examen du terme qui désigne habituellement l'impôt foncier offre à cet égard un intérêt particulier et vient confirmer notre hypothèse. *Kharâg* est un vieux mot arabe qui signifie à l'origine revenu, et spécialement revenu de la terre[2]. Or, le revenu de la terre étant le facteur principal de l'impôt foncier, kharâg en vint à désigner cet impôt lui-même. Mais ce sens n'est pas encore fixé du temps de Mahomet; kharâg ne se trouve qu'une seule fois dans le Coran (S. 23, v. 74), et dans ce passage il n'a pas le sens d'impôt foncier. Le code religieux qui fixe d'une manière précise la capitation et le droit d'aumône ne contient donc aucune prescription relative à l'impôt foncier. En revanche, il en est déjà fait mention dans plusieurs auteurs anciens, entre autres dans Bokhârî[3]; Abû Dawûd, dans son recueil de traditions, donne un chapitre sur le kharâg. Ainsi les traditions connaissent déjà le sens spécial de ce mot. Or, ce fut sous Omar que l'impôt foncier, par suite des conquêtes, prit subitement une importance considérable dans l'administration musulmane. C'est donc à cette époque qu'il faut faire remonter l'emploi de kharâg pour désigner l'impôt foncier.

Ce mot donne encore lieu à une remarque intéressante : on trouve dans le Talmud un mot *kargâ* avec le sens de capitation tandis que l'impôt foncier y est appelé *ṭasqâ*[4]; kharâg et *kargâ* sont évidemment deux formes d'un même mot; or, nous ne pouvons dériver *kharâg* de *kargâ*, parce que le premier de

[1] Ainsi on le trouve en Perse sous les premiers Sassanides, et dans les provinces romaines avant l'établissement du cadastre.

[2] *Mâ ustukhriga mina'l-ardi*; Lane, *Dictionnaire*.

[3] Bokhârî, t. II, p. 71, et dans le *kitâbu'lmaghâzi* et le *kitâbu'lgihâd*. Bel. p. 15, où le mot est mis dans la bouche de Mahomet, ce qui n'est pas un fait de nature à infirmer notre hypothèse. Sur kharâg et *kharg*, voir Beidâwî, S. 18, v. 73; 23, v. 74. Mâw. p. 254.

[4] Syriaque *ṭasqâ*, de ܛܣܩܐ. Voir Nöldeke, *Geschichte der Perser und Araber zur Zeit der Sassaniden*, p. 241, note 1. Levy, *Chald. Wörterbuch*.

ces termes offre une forme purement arabe et s'explique parfaitement comme dérivé de la racine *kh r g*, tandis qu'en araméen *kargâ* a tous les caractères d'un mot étranger ; d'ailleurs,
le *k* araméen donnerait en arabe un *k* et non un *kh*, tandis qu'au
contraire le *k* araméen est le représentant du *kh* arabe (ainsi
le syriaque *kaliphâ*, dérivé de l'arabe *khalîfa*). Il faut donc
admettre que le mot du Talmud a été emprunté au vocabulaire
arabe.

La contradiction apparente entre le sens de kharâg et celui
de kargâ peut s'expliquer de la manière suivante : kharâg, à
l'origine et même ultérieurement, désigne aussi bien la capitation que l'impôt foncier, et quelquefois même des tributs de
nature étrangère à ces deux impôts [1]. Cependant comme les
Arabes avaient déjà un terme spécial pour la capitation, kharâg
fut réservé spécialement à l'impôt foncier ; lorsqu'il s'applique
à la capitation, il est accompagné d'un déterminatif spécial [2].
Leurs voisins, au contraire, possédaient déjà un terme technique pour l'impôt foncier, car l'origine grecque de ţasqâ en
fait remonter l'emploi à une époque antérieure ; il était naturel
dès lors que le nouveau mot s'appliquât plus spécialement à la
capitation [3].

Après kharâg, le nom le plus fréquent de l'impôt foncier en
arabe est *ţisq* (ou *ţasq*), c'est-à-dire une forme arabe de τάξις ;
ce mot est un héritage de l'administration byzantine ou une
importation directe de la Mésopotamie.

Il ressort évidemment de ce qui précède que l'impôt foncier
ne prit tout son développement qu'après les conquêtes d'Omar.

Quand l'Islam commença à se répandre hors de l'Arabie, les

---

[1] Bel. p. 64, 65, 79, etc. Aujourd'hui encore, en Turquie, kharâg
désigne la capitation (Worms, dans le *Journ. Asiat.*, 1843, t. I, p. 291).

[2] *kharâgu'r-ru'ûsi, kharâg 'alâ riqâbi'n-nâsi*, etc.

[3] D'ailleurs kargâ s'emploie aussi dans le Talmud en parlant d'un
impôt sur les céréales (Levy, *Chald. Wörterb.*). — Je dois une partie des
remarques qui précèdent à l'obligeance de M. le professeur Krehl.

musulmans se trouvèrent partout en contact avec des civilisations qui leur étaient étrangères. Omar, en mêlant habilement les principes de Mahomet aux institutions des peuples vaincus, sut créer une forme de gouvernement capable d'embrasser tant de pays différents. La puissance et les succès prodigieux d'Omar s'expliquent par ce fait qu'il laissa à chaque pays son administration particulière, en les soumettant tous aux lois politiques et religieuses du Coran. Cette remarque s'applique surtout à l'organisation territoriale ; les lois qui règlent la propriété foncière sont une imitation fidèle des principes de Mahomet et reposent entièrement sur le contraste religieux créé entre musulmans et non-musulmans ; d'autre part, l'administration de l'impôt foncier est empruntée en grande partie aux peuples vaincus.

Ainsi la question se complique d'éléments nouveaux, et présente des difficultés d'autant plus délicates à résoudre que les auteurs arabes eux-mêmes sont loin d'être d'accord sur tous les points. Ce désaccord s'explique d'un côté par la diversité des institutions introduites alors dans le gouvernement musulman, de l'autre, par un manque d'unité dans les actes des divers califes, l'un détruisant ce que l'autre avait édifié. Les historiens et les juristes subissent l'influence de ces variations et présentent souvent sur un même point des opinions contraires ; nous adopterons celles qui nous paraissent se rapprocher le plus de la vérité historique.

Nous aurons trois points principaux à étudier :

1° Les lois générales qui règlent la propriété des terres.

2° L'influence et le rôle de ces lois dans la répartition de l'impôt foncier.

3° L'impôt lui-même et ses diverses formes.

IV

Lois générales de la propriété territoriale sous Omar et ses premiers successeurs.

Dans les premières conquêtes qu'Omar fit en dehors de l'Arabie, on observe deux faits principaux relatifs à la condition des terres: Omar convertit le sol en waqf, et y maintint partout les habitants en leur laissant le soin de cultiver la terre.

Ainsi Omar ne faisait qu'imiter Mahomet en étendant d'un seul coup à de vastes territoires les mesures que le Prophète avait appliquées à une partie des terres de l'Arabie. Seulement, il supprimait la loi du partage des terres prises les armes à la main, et il assimilait les nouvelles conquêtes aux pays soumis par traité de paix. Omar ne pouvait, en effet, partager d'un seul coup d'aussi vastes territoires entre ses soldats et réduire les habitants en esclavage; il était poussé par des motifs économiques qui seront développés plus loin. Mais la raison principale de cette mesure ressort de la tradition suivante : après la prise du Sawâd, Omar répond à Sa'ad ibn abî Waqqâç qui demandait le partage des terres : « Si je les partage entre les combattants, il ne restera rien pour ceux qui viendront plus tard. » Il voulait ainsi, à l'instar du Prophète, créer pour les musulmans présents et futurs un domaine public inaliénable, administré par les califes en faveur de la communauté. C'était donc une mesure religieuse et en même temps financière, qui assurait à l'État de gros revenus [1]. On compren-

---

[1] Dès lors, le partage des terres prises de force disparaît des institutions de l'Islam; quant aux pays annexés par traité de paix, ils deviennent waqf ou pays alliés, comme on le verra tout à l'heure; de là les

dra qu'elle ait pu prendre une telle extension, si l'on jette un coup d'œil sur la condition des terres dans les pays où pénétrait alors la conquête musulmane.

Dans les provinces romaines, la question territoriale reposait sur l'institution du colonat, fixé définitivement depuis Constantin[1]. La propriété foncière était en grande partie entre les mains de gros propriétaires appartenant aux premières classes politiques (*possessores*). A côté de ces terres, il y avait des domaines impériaux, municipaux et ecclésiastiques, affermés héréditairement à des *conductores* qui tendaient à en devenir les possesseurs (*fundi emphyteutici, conductio perpetua*). Dans ces deux classes de domaines, la culture du sol était confiée aux colons; ceux-ci étaient libres, mais attachés au sol qu'ils cultivaient; ils ne pouvaient l'abandonner et le propriétaire n'avait pas le droit de les en chasser; si la terre était vendue, ils passaient avec elle au nouveau propriétaire[2].

Enfin, la petite propriété foncière était représentée, dans les provinces orientales, par les habitants des *metrocomia*, paysans libres et propriétaires du sol qu'ils cultivaient. Mais, pour échapper aux charges croissantes de l'impôt, ceux-ci étaient souvent forcés d'invoquer la protection d'un puissant voisin;

deux expressions qu'on rencontre chez les auteurs : *Çârat waqfan li'annâ futiḥat 'anwatan*, et *çârat waqfan li'annâ futiḥat çulḥan*. D'ailleurs on a vu que la loi du partage des terres prises de force n'avait pas été appliquée sans exception par Mahomet. Cette circonstance ajoutée à l'innovation d'Omar explique la divergence d'opinion des juristes sur le sort de ces terres (voir à ce sujet *Geschichte der herrsch. Ideen des Islams*, p. 460; von Tornauw, *op. cit.* p. 297); on reviendra plus loin sur cette question. Le partage des autres biens pris de force n'est pas supprimé; sur les grandes distributions qu'Omar fait avec le butin, voir Bel. p. 448. Mâw. p. 347. Abû Yûsuf, f° 25ʳ (p. 24). *Culturgeschichte*, t. I, p. 65 ss. — Sur la réponse faite à Sa'ad, voir Bel. p. 265. Abû Yûsuf, f° 17 (p. 16 s.). Yaqûbî, t. II, p. 173. Le même motif se retrouve pour la Syrie (Bel. 151) et pour l'Égypte (Bel. 214 s.).

[1] En Palestine, officiellement par une constitution de Valentinien II, à la fin du IVᵐᵉ siècle; Kuhn, *Verfassung des röm. Reiches*, t. I, p. 259.

[2] Kuhn, t. I, p. 264 et 273, Savigny, *über das römische Colonat*, dans les *Vermischte Schriften*, t. II. — Les esclaves ne jouent ici aucun rôle.

peu à peu leur terre passait aux mains de ce nouveau maître, dont ils devenaient les colons; ainsi le nombre de ces derniers augmentait progressivement. On peut donc admettre qu'à l'époque de la conquête arabe, une grande partie des terres était habitée par des colons; la mutation de propriété résultant de la mise en waqf de ces terres n'affectait ainsi, dans les provinces romaines, qu'une petite minorité de la population. Le colon ne faisait que changer de maître; au lieu de cultiver la terre pour son ancien propriétaire, il le faisait désormais pour la communauté musulmane [1].

Dans les provinces persanes, l'état de la propriété foncière est plus obscur. A côté des domaines de la famille royale et de la grande noblesse, la terre semble avoir appartenu, dans l'Irâq du moins, à la noblesse campagnarde des *dihqân*, qui formaient une classe nombreuse et importante de la population. M. Nöldeke a tracé un très intéressant tableau du caractère de ces notables et du rôle qu'ils jouèrent au moment de l'invasion musulmane [2]. Au-dessous d'eux, les paysans formaient la classe inférieure de la population des campagnes [3].

On n'ignore point le rôle que la question territoriale a joué de tout temps dans l'histoire des conquêtes; l'exten-

[1] On sait que l'impôt était payé par les propriétaires, qui s'en déchargeaient souvent sur les colons, en faisant un arrangement avec eux; en outre, ceux-ci avaient à livrer au propriétaire une partie de la récolte; enfin les colons payaient déjà sous l'Empire romain la capitation. Le nouveau régime ne semble donc pas avoir beaucoup aggravé leurs charges.

[2] *Op. cit.* p. 440. Abû Yûsuf, f° 22ʳ (p. 21). Les autorités locales et municipales, si l'on peut employer ce terme, sont des dihqân (Bel. p. 265;. MM. de Kremer et de Tornauw y voient aussi des propriétaires fonciers. D'ailleurs, ce sont eux qui payent l'impôt foncier au roi perse (Abû Yûsuf f° 22ᵛ, p. 21).

[3] Bel. les nomme *fellâḥ* (p. 266); il distingue trois classes de dihqân, et appelle *akara* la classe inférieure qui payait le minimum de la capitation. Mâw. p. 303 nomme les akara à côté des dihqân. Sur l'état actuel de la propriété en Perse, voir Worms, *op. cit.* p. 124 suiv.; von Tornauw, *op. cit.*, p. 325.

sion croissante du colonat dans les provinces romaines et les
lourdes charges qui pesaient sur cette classe du peuple expliquent en partie la prodigieuse rapidité de la conquête musulmane. La résistance opposée à l'invasion n'était point une
guerre nationale ; en Égypte, on voit même les indigènes coptes, les fellahs, comme les appellent déjà les historiens arabes,
s'associer aux envahisseurs contre les Grecs, qui représentaient
la classe dominante [1]. En Syrie, à Émèse, les habitants ferment
les portes de la ville à l'armée d'Héraclès, et font savoir aux
musulmans « qu'ils aiment mieux leur équité que l'injustice et
l'oppression des Grecs [2]. » Si la résistance a été plus vive dans
l'Iràq, peut-être cela tient-il à ce que la propriété foncière y
était répartie sur un plus grand nombre d'habitants ; car les
dihqàn devaient s'opposer par tous les moyens à une invasion
qui les frappait directement dans leurs droits de propriété.
D'ailleurs ils surent tirer le meilleur parti possible de leur nouvelle position en prenant en main la collecte de l'impôt [3].

Quoi qu'il en soit, Omar fixait comme colons sur leurs terres,
sous le nom de *dhimmi* (protégé), tous les nouveaux sujets de
l'Islam restés fidèles à leur ancienne religion ; nous disons
comme colon, car la position du dhimmi vis-à-vis de sa terre
ressemblait beaucoup à celle du colon romain ; il restait attaché
au sol qu'il était forcé de cultiver ; d'autre part, son titre de
dhimmi lui assurait la protection de l'Islam et lui donnait sur

[1] Soyûtì, *Hosnu'lmohàdjara*, éd. du Caire 1299, t. I, p. 71. *Oesterr. Monatsschrift f. d. Orient*, Jhrgg. 11, p. 178 et 183. Voir à ce sujet le rôle fort curieux joué par le Moqauqis, décrit par M. de Goeje dans les *Études archéol. linguist. et hist. dédiées à M. le Dr Leemans*, p. 7-9.

[2] Bel. p. 137. Il faut, il est vrai, tenir compte de la partialité des auteurs musulmans. D'ailleurs il y avait déjà à cette époque en Syrie et en Mésopotamie de nombreuses colonies arabes, chrétiennes il est vrai, mais rattachées aux conquérants par les liens du sang. — Dans les villes, une partie des maisons fut convertie en waqf à l'usage des musulmans (Bel. p. 222 et *passim*).

[3] Von Kremer, *Culturgeschichtl. Streifzüge auf dem Gebiete des Islams*, p. 14.

sa terre une sorte de droit emphytéotique qui le garantissait contre les envahissements des musulmans[1]. En effet, nous savons de source certaine qu'Omar défendit à l'origine aux conquérants d'acquérir de la propriété foncière en dehors de l'Arabie[2]; il chercha même, comme on verra par la suite, à les empêcher de s'y établir en cultivateurs au même titre que les dhimmî. Il creusait ainsi un profond abîme entre les musulmans et les infidèles; en empêchant les premiers de se créer des intérêts personnels dans les pays conquis, il réservait les forces vives de son peuple pour la guerre sainte. C'est la même idée qui poussa le calife à chasser tous les non-musulmans de l'Arabie, non seulement les habitants des terres annexées, mais aussi les alliés qui possédaient un traité officiel de Mahomet[3]. Mais, chassés de l'Arabie, les peuples alliés se retrouvent

---

[1] Voir à ce sujet les ouvrages de M. de Kremer (*Culturg. Streifzüge*, p. 16; *Gesch. d. herrsch. Ideen*, p. 330; *Culturgeschichte*, t. I, p. 74). Ce droit est exprimé par Mâwerdî dans la phrase suivante : *lâ yagûzu an yastanzalâ'lmuslimûna 'anhâ'lmušrikîna li'allâ taçira'l-arḍu dâra ḫarbin*. Il est cependant restreint par certaines conditions: si un dhimmî néglige la culture de sa terre, on la confie à un autre (Mâw. p. 264, Bel. p. 447); il va sans dire que le dhimmî n'était pas esclave. Ce droit est appelé *yad* ou *taçarruf*, opposé à *tamlik*, propriété (Mâw. Adnotationes p. 14). Le *mâlik* d'une terre a seul le droit d'en disposer par vente, donation, ou testament. Les auteurs emploient souvent pour désigner le droit d'un tenancier sur une terre de waqf une périphrase qui laisse un certain vague dans la détermination juridique : *yakûnu 'dh-dhimmiyyu aḥaqqa bihâ*, ou bien *al-arḍu uqirrat lahu*, ou bien *al-arḍu çârat fî aidîhi*. La préposition *li*, opposée à *fî yadin*, désigne le tamlik : *arḍun laisat li'aḥadin walâ fî yadi aḥadin* (Abû Yûsuf, f° 33r). Les expressions *rabbu'l-arḍi, çâhibu'l-arḍi, ahlu'l-arḍi*, etc., s'emploient aussi bien d'un propriétaire que d'un tenancier; *fî yadin* peut s'entendre d'un dhimmî, d'un fermier, d'un locataire, etc. A vrai dire, ces expressions ne sont point des locutions juridiques parfaitement fixes. On a très justement remarqué que la loi musulmane ne contient pas de définition des notions de *proprietas, possessio, usus* et *usufructus* (von Tornauw, *op. cit.*, p. 290).

[2] Cette loi importante a été découverte par M. de Kremer (voir à ce sujet les passages cités dans la note précédente).

[3] Comme il fallait un prétexte pour étendre cette mesure aux peu-

dans la nouvelle organisation, et forment comme sous Mahomet une zone extérieure de l'empire musulman avec les mêmes caractères distinctifs : ils gardent leur administration et la propriété de leurs terres [1].

Ainsi on retrouve dans l'organisation d'Omar les mêmes éléments que dans celle de Mahomet, mais appliqués sur une plus vaste échelle et adaptés aux tendances du second calife ; ces tendances peuvent se résumer dans le principe suivant : séparer profondément les musulmans des infidèles, et, dans ce but, créer entre eux une limite territoriale ; faire de l'Arabie une terre réservée aux premiers, mais leur défendre en même temps la propriété foncière au dehors. Pour atteindre ce dernier but, Omar pouvait choisir entre deux moyens : laisser la propriété aux habitants, ou convertir le sol en waqf. Dans quelles proportions ces deux mesures furent-elles appliquées? M. de Tornauw, dans un remarquable travail que nous avons eu souvent l'occasion de citer, a émis l'opinion que toutes les terres annexées par traité de paix restaient la propriété des habitants, et que la conversion en waqf des terres prises par les armes étant tombée en désuétude, celles-ci furent bientôt assimilées aux premières, et laissées en propriété à leurs habitants. Ce savant restreint ainsi la mesure du waqf à un petit nombre de terres ; mais il ne dit point à quelle époque il faut faire remonter cette organisation. Nous croyons que sous Omar la loi du waqf s'étendit, en principe au moins, à une bonne par-

---

ples alliés, Omar les accuse d'avoir violé le traité (Bel. p. 156). Sur le prétexte trouvé dans une parole de Mahomet, voir *Culturgeschichte*, t. I, p. 100. — M. de Kremer a déjà fait ressortir l'illégalité de cette mesure ; aussi quelques historiens refusent d'y croire; Tabari (I, p. 1591) dit qu'Omar ne chassa que ceux qui n'avaient pas reçu de traité. Comp. Abû Yûsuf, f° 51ʳ (p. 51). Omar, usant du droit de disposition légué par Mahomet, fit d'une partie de ses terres des concessions foncières ; les autres restèrent domaine d'État et suivirent sous les Omayyades le sort général des terres dans les provinces extérieures.

[1] Ils conservaient leurs lois (Bel. p. 157), tandis que les habitants des terres de waqf étaient soumis au régime musulman (Bel. p. 267).

tie des terres conquises, car de nombreuses indications viennent confirmer cette opinion. D'abord les historiens assurent positivement que l'Irâq tout entier, la Syrie et l'Égypte furent convertis en domaines d'État, et ce que nous avons dit de l'extension du colonat dans les provinces romaines vient à l'appui d'une affirmation qui, de prime abord, peut paraître exagérée. M. de Kremer, dont l'autorité fait foi en matière historique, a suffisamment insisté sur ce fait important [1]; d'ailleurs nous pourrions indiquer dans les auteurs arabes main passage qui prouve que le dhimmî n'avait, à l'origine, aucun droit de propriété sur sa terre. La mesure prise par Omar pour les territoires de Hîra et des Benû Çalûba, où les habitants, quoique restés fidèles à leur religion, avaient gardé la propriété de leurs terres, ne sert qu'à confirmer cette règle, car elle est donnée comme une exception [2]. Nous croyons volontiers que la mesure du waqf était une entrave à la prospérité des terres, parce que les cultivateurs n'avaient plus le même intérêt à soigner la culture et à augmenter la production du sol [3]; quoique cette mesure fût à l'origine une source considérable de revenus pour les musulmans, nous pensons qu'il faut y voir une des causes de la rapide diminution que l'on constate dans la production des terres et dans le rendement de l'impôt [4]. Aussi la loi d'Omar ne put se maintenir dans toute sa rigueur; mais cette révolution ne s'accomplit pas en un seul jour; elle provoqua une longue lutte dont on verra plus loin les commencements.

Enfin, nous pouvons invoquer en faveur de notre thèse l'autorité de Mâwerdî; on nous permettra de résumer ici les passages où cet auteur traite de la division territoriale. Comme il en parle toujours à propos de l'impôt foncier, et que d'ailleurs

[1] Voir les passages cités en note à la p. 27.
[2] Bel. p. 245. *Culturgeschichte*, t. I, p. 77.
[3] Von Tornauw, *op. cit.*, p. 298 et 332.
[4] Voir le chapitre des finances, *Culturgeschichte*, t. I, p. 256.

c'est dans l'étude de l'impôt qu'il faut chercher la solution d'une partie des problèmes relatifs à la propriété territoriale, nous abordons ici le chapitre de l'impôt.

V

Répartition générale de l'impôt foncier.

Au moment des grandes conquêtes d'Omar, l'impôt foncier, qui existait dans tous les pays voisins de l'Arabie, devint tout à coup une des branches maîtresses de l'administration musulmane, et le terme de kharâg, jusqu'alors assez restreint, prit une extension considérable. On le rencontre à chaque page dans les ouvrages qui traitent de l'histoire des conquêtes, et comme ces ouvrages s'appuient sur des traditions en partie fort anciennes, il est clair que ce mot était dès lors employé couramment pour désigner l'impôt foncier. La classification de Mâwerdî concorde assez exactement avec ce que nous savons de la politique d'Omar, et donne sur la question une vue d'ensemble qu'on retrouverait difficilement dans un ouvrage plus ancien. Cette classification se trouve, avec quelques modifications de détail, dans trois passages différents qui se complètent l'un par l'autre, et dont voici la substance[1] :

1° Terres appartenant à des musulmans; elles se divisent comme suit :

a. Propriétés des anciens musulmans; elles payent la dîme.

b. Terres des nouveaux convertis; elles payent le kharâg ou

---

[1] P. 237, 254 et 299. Worms a donné la traduction du second fragment (op. cit. p. 109). Voir aussi Abû Yûsuf, f° 39ᵛ (p. 39). Bel. p. 447. *Culturgeschichte*, t. I, p. 437, où, d'après Mâw. p. 554, il faut lire à la ligne 17 : « auch kann er die ersteren in Charâg-Gründe umwandeln, nicht aber umgekehrt. »

la dîme, suivant les juristes (cette double opinion sera expliquée par la suite).

c. Terres revivifiées par des musulmans ; elles payent la dîme (il s'agit des terres appelées *mawât*).

2° Terres prises de force à l'ennemi :

a. Elles sont partagées comme butin, et les nouveaux propriétaires payent la dîme.

b. Ou bien elles sont converties en waqf, la culture en est laissée aux habitants et ceux-ci payent le kharâg. Certains juristes laissent à l'iman le soin de choisir entre ces deux partis. Ces terres, ajoute Mâwerdî, font partie du dâru'l-islâm, qu'elles soient habitées par des musulmans ou par des infidèles, car ce sont des propriétés mulsumanes (*limulki'lmuslimîna lahâ*) [1].

3° Terres annexées par traité de paix (*çulh*); elles font partie du fei et sont toutes frappées du kharâg :

a. Si les habitants ont fui ou ont été chassés, la terre devient waqf ; la culture en est laissée soit à des musulmans, soit à des infidèles ; ces terres ne peuvent être aliénées, puisqu'elles sont waqf ; elles sont grevées d'un kharâg perpétuel.

b. Terres annexées dont les habitants n'ont pas fui, mais pour lesquelles le traité stipule qu'ils en perdent la propriété. Ils nous cèdent cette propriété, la terre devient waqf, ne peut plus être aliénée et fait partie du dâru'l-islâm. Les habitants continuent à y demeurer et à la cultiver en payant un kharâg perpétuel, qui persiste si les contribuables se convertissent ou si la culture passe aux mains d'un musulman. Ces non-musulmans ont le titre de dhimmî ; ils payent donc la capitation tant qu'ils conservent leur religion.

c. Terres annexées dont les habitants conservent l'entière propriété. Ils payent le kharâg, mais cet impôt cesse à leur

---

[1] Ce passage et d'autres semblables prouveraient que les waqf étaient bien la propriété de la communauté; il faudrait fixer la portée exacte que Mâwerdî donne ici au terme de *mulk*, discussion qui est du domaine purement juridique.

conversion. Ces terres ne font pas partie du dâru'l-islâm, mais du territoire des peuples alliés (dâru'l'ahd); ils ne payent donc pas la capitation. Si l'un d'eux vend sa terre à un de ses compagnons, le kharâg y persiste, mais il est supprimé s'il la vend à un musulman; enfin, si c'est à un dhimmî, l'impôt persiste ou cesse, suivant les opinions.

On le voit, Mâwerdî admet qu'une importante fraction des terres annexées par traité de paix fut convertie en waqf, puisqu'il leur consacre deux paragraphes de son tableau. Ainsi la condition des terres et la répartition de l'impôt se résument en dernier lieu comme suit :

1° Propriétés privées de musulmans, soumises à la dîme.

2° Terres de waqf (provenant de pays pris de force ou annexés par traité de paix), soumises au kharâg. Ces terres étant inaliénables, le kharâg en est perpétuel; ainsi les cultivateurs de ces terres qui se convertissent cessent de payer la capitation, qui ne frappe que les dhimmî, mais ils continuent à payer le kharâg, car celui-ci frappe le sol lui-même (raqaba) [1].

---

[1] Raqaba, plur. riqâb. 1° la nuque, c'est-à-dire la partie du corps qui supporte un fardeau; 'alâ raqaba, 'alâ riqâb, à la charge de (in cervicibus alejs impositum), spécialement pour une charge pécuniaire, un impôt personnel, la capitation par exemple. Mâw. p. 255, l. 15 : walâ yasqutu 'anhum bihâdhâ'lkharâgi gizyatu riqâbihim. Exemples semblables : Mâw. p. 247, 254, 256. Bel. p. 138, 271. Qod. VII, 2. — Par métaphore, cette expression s'applique à la terre : Mâw. p. 253, l. 15 : wa'ammâ'lkharâgu fahûa mâ wudi'a 'alâ riqâbi'l-arḍi. Mâw. p. 357, l. 6 : riqâbu'l-araḍîna. — 2° M. de Goeje (Gloss. Bel.) traduit raqabatu'l-arḍi par dominium soli opposé à usufructus. Ce sens découle par métaphore du sens primitif de nuque. Raqabatu'l-arḍi est la partie de la terre qui supporte le poids des récoltes, c'est-à-dire le sol lui-même. La kharâg misâḥa est un impôt 'alâ riqâbi'l-arḍi, par opposition au kharâg moqâsama et à la dîme, qui ne frappent que les récoltes. On dit donc : malaka raqabata'l-arḍi ou simplement : lahu raqabatu'l-arḍi, il a la propriété du fonds et pas seulement la jouissance des revenus. Bel. p. 271, l. 1 : qasama 'Omaru raqabata'l-arḍi bainahum, Omar leur partagea la terre en toute propriété. Dans ces exemples et dans les autres donnés par M. de Goeje, raqaba signifie toujours sol ou fonds de la terre, et il ne prend le sens de dominium soli que parce qu'il y est associé à des verbes

Mâwerdî désigne cet impôt sous le terme technique de *ugra* (loyer), c'est-à-dire qu'il le considère comme une sorte de loyer ou de fermage payé par le tenancier de la terre, quelle que soit sa condition religieuse.

Ces deux classes de terres forment le territoire musulman proprement dit, sur l'étendue duquel les non-musulmans restés à demeure ont droit à la protection de l'Islam et payent la capitation [1].

3° Terres des peuples alliés (*dâru'l'ahd*), formant une zone intermédiaire entre le territoire musulman et le territoire ennemi (*dâru'lḥarb*). Ils ne payent pas la capitation, parce que la protection entière de l'Islam ne s'étend pas à leur territoire [2]. Leurs terres sont soumises au kharâg, mais ils en gardent la propriété, et s'ils se convertissent, ils sont libérés de cet impôt; celui-ci n'est donc point attaché au sol comme l'impôt des terres de waqf, mais subordonné à la condition religieuse du propriétaire; Mâwerdî l'appelle *kharâg gizya*, par opposition au *kharâg ugra*, c'est-à-dire que par sa nature il se rapproche de la capitation qui est une taxe personnelle, et qu'il cesse comme elle à la conversion du contribuable [3].

Ici se pose une question: peut-on fixer, pour l'époque d'Omar, une limite exacte entre le territoire musulman proprement dit

renfermant l'idée de posséder, donner, recevoir, vendre, acheter, etc.; ainsi l'on dit en parlant de terrain waqf : *lâ yagûzu bai'u riqâbihâ* (Maw. p. 255 et 303), et en parlant de terres qui ne peuvent être données à titre de concession de propriété : *lâ yagûzu iqtâ'u raqabatihâ tamlîkan* (Mâw. p. 335 et 336). Voir aussi le Glossaire de l'édit. Juynboll du *Tanbîh* de Shîrâzî.

[1] Sur la longueur du temps pendant lequel les non-musulmans pouvaient rester sur territoire musulman sans payer la capitation, voir Mâw. p. 239.

[2] Sur les deux degrés de protection, voir Mâw. p. 252, Qod. VII, 3.

[3] Worms (*op. cit.*, p. 179) comprend dans les terres soumises au kharâg, mais non converties en waqf « celles d'un pays dont les habitants consentent à acheter la paix moyennant un tribut, et dans l'administration intérieure duquel les musulmans n'interviennent en rien. » Il s'agit ici des peuples alliés.

et les pays alliés ? En adoptant la théorie de Mâwerdi, et en prenant les termes spéciaux dans le sens exact qu'il leur donne, cette limite peut se déterminer assez approximativement. Outre les terres dont la mise en waqf est expressément mentionnée, il faudrait faire entrer dans le territoire musulman toutes celles où les habitants furent soumis à la capitation. La limite du dâru'l-islâm serait donc représentée par une ligne passant au nord de la Syrie et de la Mésopotamie, embrassant une bonne partie de la Perse, l'Arabie, l'Égypte et quelques contrées adjacentes ; de plus, il faudrait admettre que ce vaste territoire fut tout entier converti en domaine d'État.

Mais chez les historiens qui nous racontent l'histoire des conquêtes, les termes dont nous parlons n'offrent pas des significations aussi tranchées. Le titre de dhimmi s'étend quelquefois aux peuples alliés, tandis que le terme de 'ahd s'applique aussi aux provinces converties en waqf. 'Ahd et dhimma d'une part, 'ahd et çulh de l'autre, désignent assez souvent un seul et même traité [1]. Ces apparentes contradictions ne reposent que sur une confusion de termes et s'expliquent suffisamment par le fait que, durant la période d'agrandissement de l'empire musulman, la division territoriale n'offrait pas de limites absolument tranchées ; le dâru'l-islâm grandissait constamment, sous l'effort de la conquête, par l'assimilation de nouveaux territoires.

Un fait particulier néanmoins peut servir à déterminer la condition d'un pays soumis à l'Islam : comme on le verra, les peuples alliés payaient un tribut fixe aux musulmans ; ce tribut est en quelque sorte le critère auquel on reconnaît les pays

---

[1] *Ga'ala lahum dhimmata'llâhi wa'ahdahu*, Bel. p. 64 et *passim*. Voir dans cet auteur les passages relatifs à la conquête de l'Irâq, de la Perse, de l'Égypte, de la Syrie, etc. Pour l'Égypte, Soyûtî, *op. cit.*, t. I, p. 75. Cependant la plupart des traditions, d'accord avec Mâwerdi, disent que ces provinces furent soumises sans traité (*ghaira 'ahdin*). On trouve déjà chez les anciens juristes des discussions à ce sujet, particulièrement sur le sens de *dhimma* et de *'ahd*; voir Bel. p. 74 et 157.

alliés [1]. Ceci dit en passant, revenons à l'impôt foncier établi par Omar ; il faut ouvrir ici une courte parenthèse :

L'irruption de l'islamisme dans les pays voisins de l'Arabie soulevait une grave complication politique. Jusqu'ici, la nouvelle religion ne s'était guère heurtée que contre des adversaires de race arabe, et les nouveaux convertis obtenaient d'emblée tous les droits réservés aux musulmans. Maintenant, l'antagonisme religieux se compliquait d'une antipathie de race : accorderait-on à des coreligionnaires de races que les Arabes ont toujours regardées avec le plus profond dédain les mêmes droits qu'aux musulmans arabes? Envisagée au point de vue de l'impôt foncier, la question se posait ainsi : les nouveaux convertis de race étrangère jouiraient-ils du privilège de la dîme?

On a constaté par de nombreux exemples que ces derniers continuaient à payer le kharâg, et comme l'histoire nous montre que les musulmans de race non arabe (a'gâm) furent toujours maintenus par les conquérants dans une condition d'infériorité, on a établi que le privilège de la dîme était réservé exclusivement aux vieux musulmans (Stammmoslemen), tandis que les nouveaux convertis continuaient à payer le kharâg parce qu'ils étaient de race étrangère [2] ; mais à notre connaissance, on n'a pas cherché à quelle époque précise il fallait rattacher cette loi.

Nous pensons qu'une mesure d'exception au détriment d'une classe spéciale de musulmans était tout à fait contraire aux principes d'Omar. Le Coran stipule pour tous les musulmans l'égalité devant la loi, et Omar était le fidèle exécuteur des préceptes de Mahomet. « Selon les principes communistes et

---

[1] Ces tributs se trouvent dans presque toutes les provinces extérieures; voir plus bas le chapitre du *kharâg moqâṭa'a*. La Nubie avait conclu avec les musulmans une simple trêve (*hudna*). Cypre et Arbassus en Asie Mineure étaient restés en dehors du dâru'l-islâm (Bel. p. 156); en Afrique la limite était en deçà de Tripoli, ville qui avait un traité d'alliance (p. 225).

[2] Von Tornauw, *op. cit.*, p. 317.

démocratiques du gouvernement d'Omar, les nouveaux convertis devaient jouir absolument des mêmes droits que les musulmans de sang arabe [1]. » Il est certain que ces idées égalitaires
furent constamment violées par la suite ; aussi bien le système politique du second calife fut déjà renversé par son successeur immédiat ; mais Omar voulait l'égalité complète entre
tous les musulmans : comment allier ce principe avec le fait
évident que les nouveaux convertis continuaient à payer le
kharâg ?

Reportons-nous ici à la théorie de Mâwerdî ; cet auteur dit
d'une part que le kharâg des terres tributaires cesse à la conversion des propriétaires, et, d'autre part, que le kharâg d'une
terre de waqf persiste si les habitants se convertissent ou si
la culture passe aux mains d'un musulman (c'est-à-dire évidemment d'un *Stammmoslem*).

Ces deux faits ne s'expliquent point dans l'hypothèse d'une
loi d'exception aux dépens des nouveaux convertis, mais ils sont
fort naturels si l'on admet avec Mâwerdî que « le mode d'imposition est subordonné à la condition de la terre, » et qu'un
nouveau converti ne continue point à payer le kharâg en qualité d'étranger, mais « parce que sa terre a été convertie en
waqf. »

Ici encore, nous croyons que le juriste de Bagdad reproduit
fidèlement les dispositions prises par Omar. En faisant de la
terre un domaine d'État, celui-ci voulait en assurer la jouissance
perpétuelle à la communauté ; or on a vu, à propos des terres
annexées par Mahomet, que cette jouissance se concentrait
dans les revenus de l'impôt foncier ; pour la rendre perpétuelle,
il fallait que l'impôt le fût aussi. La nature de l'impôt partici-
pait ainsi de la nature juridique de la terre : celle-ci étant inaliénable, l'impôt était imprescriptible et frappait tous les
tenanciers du sol, quelle que fût leur condition religieuse. Ainsi
le principe de l'égalité musulmane n'était point atteint.

[1] *Culturg. Streifzüge*, p. 15.

Pour illustrer ce raisonnement, voici une de ces courtes traditions si chères aux historiens arabes, dont la naïveté peut garan-
tir l'exactitude : Après la prise du Sawâd, un homme vint vers
Omar et lui dit : J'ai embrassé l'islamisme ; ne veux-tu pas
libérer ma terre du kharâg ? Omar lui répondit : Mais ta terre
a été prise de force ! Cette simple parole dans la bouche du
calife en dit plus que de longs commentaires ; il ne répond pas :
Non, car tu es un nouveau converti, mais : Non, car ta terre
ayant été prise de force, elle fait partie du domaine d'État,
et le kharâg en est imprescriptible [1].

On explique ainsi plusieurs phénomènes qui resteraient sans
solution, et l'on comprend pourquoi les juristes nous apprennent tantôt qu'un nouveau converti est libéré du kharâg, tantôt qu'il continue à le payer ; il règne à cet égard dans les
ouvrages de droit une confusion analogue à celle que nous
avons constatée dans la détermination du territoire musulman [2].

Mais les musulmans s'étaient habitués à considérer la dîme
comme un privilège absolu, et le kharâg, malgré tout, gardait
à leurs yeux le caractère d'une humiliation réservée aux infidèles. Il y avait là pour les revenus des domaines d'État un
danger qui ne pouvait échapper à Omar. M. de Kremer a
signalé une loi fort curieuse rapportée par Ibn Asâkir, stipu-
lant qu'un dhimmî du Sawâd qui se convertit doit céder sa
terre et sa demeure à l'un de ses anciens coreligionnaires,
lequel s'y établit à sa place, entreprend la culture et paye le
kharâg [3].

Il est peu probable que cette loi ait été appliquée rigou-
reusement ; une mesure aussi extraordinaire aurait laissé plus

---

[1] Bel. p. 268. — M. de Kremer a constaté, sur l'avis d'anciens juristes,
que le nouveau converti continuait à payer le kharâg (*Culturg. Streifzüge*,
p. 20); or, il s'appuie sur une tradition de Bel. (p. 447) où il n'est aussi
question que de terres prises de force, c'est-à-dire de domaines d'État.

[2] Qod. VII, 7; Bel. p. 74 ss. et 417; Mâw. p. 238 s. et 254. Selon
une curieuse opinion shaféite, Omar aurait revendu le Sawâd aux dhimmî,
et le kharâg représenterait l'intérêt annuel d'un prix de vente fictif
(Mâw. p. 303).

[3] *Culturgeschichte*, t. I, p. 76.

de traces dans l'histoire, et nous ne l'avons trouvée dans aucun
autre auteur [1]; on peut même affirmer qu'une pareille loi, prise
à la lettre, était impraticable. Il faut y voir un essai fait par
Omar pour conjurer le danger dont nous parlions tout à l'heure,
en désintéressant les nouveaux convertis dans la question du
kharâg, tout en maintenant ce dernier d'une manière irrévo-
cable sur les domaines d'État. Mais la loi d'Ibn Asâkir ne
prouve pas qu'Omar ait refusé à tous les musulmans le droit
de s'établir dans les nouveaux territoires de l'Islam [2], d'abord
parce qu'elle ne s'applique qu'aux nouveaux convertis et dans
une seule province, ensuite parce que le calife lui-même fit
à des musulmans des concessions de terrain en dehors de
l'Arabie [3].

Si restreint qu'en ait été le nombre, elles montrent combien
il était difficile de s'opposer au courant qui poussait les conquérants à s'établir dans les riches domaines de l'Islam. Alors s'introduisit un abus que nous avons déjà fait pressentir : les
musulmans établis sur les domaines de l'État cessèrent peu à
peu d'en payer le kharâg, et ne donnèrent plus que la dîme des
récoltes. Or, comme celle-ci était le signe auquel on reconnais-
sait une propriété musulmane, ils en vinrent à se considérer
comme les propriétaires de ces terres. Ainsi s'explique l'origine de deux faits absolument contraires aux principes d'Omar :
celui de terres payant la dîme dans le domaine d'État, et celui
de propriétés privées dans des territoires convertis à l'origine

---

[1] Peut-être faut-il voir un fait analogue dans un passage de Makrizi
d'après lequel la terre d'un dhimmi qui se convertit revient à la communauté (Belin, *Journ. As.* 1851, vol. 2, p. 481).

[2] M. de Kremer, qui semble tirer cette conclusion de la loi en question, comprend sous le terme de *Grundbesitz* les notions différentes de
propriété et de jouissance. La défense relative au droit de propriété était
une conséquence directe de la conversion de la terre en waqf; quant au
droit de jouissance, on voit qu'Omar ne s'y opposait pas absolument.

[3] Ce fait semble positif, car on en trouve plusieurs exemples, et chose
curieuse, surtout dans le Sawâd, province dont la mise en waqf est una-
nimement reconnue. Voir Bel. p. 183, 267 et *passim*.

en domaines d'État ; ces abus étaient d'autant plus graves que le nombre des musulmans établis dans les nouvelles provinces allait toujours en augmentant.

Par ce qui précède, on voit que si la condition juridique de la terre déterminait à l'origine le mode d'imposition, celui-ci réagissait à son tour sur la propriété foncière. Cette action réciproque se remarque d'une part entre le droit de propriété et le privilège de la dîme, de l'autre entre un simple droit de jouissance et l'obligation du kharâg. On la retrouve à travers toutes les phases de la révolution économique dont on vient de constater les débuts sous le califat d'Omar.

Mais le plus rude coup porté à la loi d'Omar furent les concessions de terrain faites par Othman. On sait que les juristes distinguent deux sortes principales de concessions : celle qui accorde au concessionnaire la propriété de la terre, moyennant la dîme, et celle qui ne lui en donne que la jouissance à condition de payer le kharâg [1]. Pour les concessions de Mahomet et d'Omar en Arabie, on peut admettre qu'elles furent faites à titre de propriété ; au contraire, celles d'Omar dans le domaine d'État ne pouvaient être, après ce qui a été dit, que des concessions d'usufruit [2].

Quant aux concessions d'Othman, il est évident qu'elles octroyaient le droit de propriété, car on en trouve des preuves positives ; on constate sous ce calife des transmissions directes, par vente ou par héritage, de terres concessionnées qui devaient faire partie du domaine d'État [3]. D'ailleurs, en les accordant

[1] *Iqtâ' tamlik; iqtâ' istighlâl, igâra, istirfâq.* Sur les concessions, voir Mâw. p. 330, passage traduit par Worms, *op. cit.,* p. 195. Qod. VII, 6. Abû Yûsuf, f° 33 (p. 32) et *passim.* Soyûtî, *op. cit.,* t. I, p. 90. Bel. *passim.* Bokhârî, t. II, p. 81. *Culturgeschichte,* t. I, p. 112. Worms, *op. cit.,* p. 97; von Tornauw, *op. cit.* p. 820. Sur un genre de concession appelé *ighâr,* voir Gloss. Bel.

[2] Sur les concessions de Mahomet, d'Abû Bekr et d'Omar en Arabie, voir Bel. p. 13. Qod. VII, 6. On trouve plusieurs exemples de concessions faites par Omar en Mésopotamie; en Égypte, il n'en fit qu'une seule, et encore à titre exceptionnel (Soyûtî, *op. cit.* t. I, p. 90).

[3] Bel. p. 354. Ibn Asâkir, dans *Culturg. Streifzüge,* p. 60. On trouve

à titre d'usufruit, Othman n'aurait fait que suivre strictement les principes d'Omar ; comment expliquer alors le mécontentement soulevé par son administration territoriale ?

L'histoire des Omayyades montre la lutte toujours renaissante de ces deux principes et le triomphe final des idées d'Othman. Les successeurs de ce calife jusqu'à Omar II autorisèrent expressément les musulmans à acheter des dhimmî les terres qu'ils cultivaient ; ils en devenaient ainsi les propriétaires, et au lieu du kharâg, ils n'en acquittaient plus que la dîme [1]. Omar II dut se soumettre au fait accompli en reconnaissant toutes les propriétés musulmanes acquises de cette façon jusqu'en l'an 100, et en leur laissant le privilège de la dîme [2] ; mais il défendit aux musulmans d'acquérir de nouvelles propriétés à partir de cette date. Cette loi, imitée de celle d'Omar, avait évidemment pour but de rendre aux domaines d'État leur destination première ; mais apparemment, le calife n'osa pas rétablir sur ces terres l'imprescriptibilité de l'impôt ; en effet, par une autre loi il libérait du kharâg tous les cultivateurs dhimmî qui adoptaient l'islamisme. Faut-il voir dans cette mesure, qui portait une rude atteinte aux revenus du Trésor, un acte de faiblesse seulement, ou une mesure de prudence en vue d'éviter de nouvelles dissensions ? Peut-être fut-elle simplement dictée par le désir de rétablir l'égalité pour tous les musulmans.

aussi des exemples de concessions payant la dîme, preuve indirecte du droit de propriété des concessionnaires (Bel. p. 390 et *passim*). Worms, qui pousse trop loin la théorie des waqf, soutient que les concessions d'Othman furent faites à titre d'usufruit. M. de Kremer repousse avec raison cette opinion (*Culturgeschichte*, t. I, p. 109).

[1] *Culturg. Streifzüge*, p. 62. Détail caractéristique : le prix de vente était versé au Trésor.

[2] Suivant Ibn Asâkir, Omar II stipule que les propriétaires seront en outre libérés de la capitation. Il faut en conclure que cette redevance était prélevée à cette époque sur des musulmans, probablement sur des nouveaux convertis (voir *Culturg. Streifzüge*, p. 19) ; en tout cas c'est un fait anormal et contraire aux principes religieux de l'Islam. Sur le rôle d'Omar dans la question territoriale, voir *Culturgeschichte*, t. I, p. 177. Abû Yûsuf, f° 49ᵛ (p. 49).

Nous ne poursuivrons pas plus loin le récit de cette lutte qui forme un des chapitres les plus importants de l'histoire des Omayyades. Voici, pour terminer, une tradition de Belâdhori qui en résume les diverses phases : « Il y avait sur les bords de l'Euphrate des terres dont les habitants s'étaient convertis à l'arrivée des musulmans, et d'autres qui, sur un décret du calife, avaient été adjugées à des musulmans, soit en donation, soit à quelque autre titre. Ces terres, qui jusqu'alors payaient le kharâg, étaient ainsi devenues terres de dîme. Haggâg les convertit de nouveau en terres de kharâg, Omar II en terres de dîme ; ensuite Omar ibn Hobeira (gouverneur de l'Irâq sous Yézîd II) y rétablit le kharâg. Plus tard, Hîsâm ibn Abdalmelik (724-743) rendit à une partie de ces terres le privilège de la dîme ; enfin Mahdî y rétablit partout la dîme [1]. »

Il reste à parler d'une classe particulière de terres dont l'organisation remonte également à Omar : nous voulons dire les çafiyya du Sawâd. C'étaient les domaines du roi de Perse et de sa famille, ceux dont les propriétaires avaient disparu, en un mot toutes les terres qui s'étaient trouvées vacantes après la conquête. Omar les avait confisquées et s'était réservé sur elles un droit de disposition absolu [2] ; il les faisait cultiver pour le Trésor et en affectait les revenus à des dépenses d'utilité publique, ainsi que Mahomet l'avait fait pour les terres annexées. Comme ces dernières aussi, elles devinrent à la mort d'Omar des domaines d'État ; en effet, Mâwerdî nous apprend que les çafiyya sont soumises à la loi du waqf et que

_____

[1] Bel. p. 363 -- Les terres annexées de l'Arabie éprouvèrent les mêmes vicissitudes ; elles furent données en concessions par Moâwia, puis Omar II les convertit de nouveau en domaines d'État (Bel. p. 30. Yaqûbî, t. II, p. 366) ; ces luttes se prolongèrent sous les Abbassides. Plus tard, les juristes nous apprennent que l'Arabie toute entière est soumise à la dîme.

[2] De là leur nom : çafiyya, plur. çawâfin, de açfâ et içtafâ, « choisir, mettre à part, confisquer. » Sur ces terres, voir Qod. VII, 6. Abû Yûsuf, f° 33 (p. 32). Bel. p. 272.

chaque calife en transmet l'administration à son successeur [1]. Pour des raisons économiques, Othman en fit des concessions à titre d'usufruit en y prélevant le kharâg, et il augmenta considérablement leur rapport [2]. C'est donc à tort qu'on les a appelées des domaines de la couronne ; à l'origine, elles forment simplement une classe spéciale de domaines d'État, dont l'organisation est copiée sur celles des terres de fei sous Mahomet.

Il y avait en Syrie des terres semblables : c'étaient des domaines dont les propriétaires, patriciens grecs, avaient péri pendant la guerre ou s'étaient enfuis avec l'armée impériale. Ces terres avaient été affermées par les gouverneurs musulmans à des cultivateurs qui payaient leur ferme à l'État. Les califes Othman, Moâwia et Abdalmélik en firent des concessions de propriété soumises à la dîme. Ce dernier concéda également toutes les terres de la Syrie devenues vacantes par

---

[1] Màw. p. 335 : « Ces terres sont confisquées, c'est-à-dire qu'elles sont annexées au Trésor à titre de propriété de la communauté musulmane, et qu'elles sont soumises à la loi des waqf perpétuels. » Abû Yûsuf, f° 33 (p. 32) : « Elles font partie du Trésor. » Voir Bel. p. 20, où les terres de fei de Mahomet sont aussi appelées çafiyya.

[2] Màw. p. 334. *Culturgeschichte*, t. I, p. 108. C'est pour cela que Qodâma nomme ces terres les « concessions du Sawâd. » Ce passage de Qodâma (VII, 6), traduit par de Slane, est reproduit dans le *Supplément* de Dozy, *sub voce* صيعة avec la transcription peu correcte de *cataïa* pour *qatâ'i*. Bel. comprend encore parmi les çaliyya : 1° *al'âgâm*, c'est-à-dire les terrains marécageux avec leur végétation touffue, « la jungle » (sur ce mot, voir la note de M. Fleischer dans Levy, *Neuhebr. u. chald. Wörterbuch*); 2° *maghâ'idu'lmâ'i*, endroit où l'eau s'enfonce dans la terre, c'est-à-dire « marais desséché, » par opposition au mot précédent; 3° *kullu dairin yazidu*. Grammaticalement parlant, rien n'empêcherait de lire : *kullu dairi yazidin*, et de traduire « chacun des couvents portant le nom de *dairu yazidin* » (ce dernier mot serait indéterminé en qualité de nom générique, et ferait le génitif en *in*; voir Fleischer, *Beiträge*, V, p. 105). Mais comme Yaqût ne mentionne pas de couvent portant ce nom, il faut choisir la première lecture, et traduire : « tout couvent dépassant le nombre légalement autorisé des couvents chrétiens, » ou bien : « tout couvent dépassant la moyenne par son importance, par l'étendue de ses possessions, etc. » Je dois ces détails grammaticaux à l'obligeance de M. le professeur Fleischer.

la mort des tenanciers [1]. Ces concessions furent faites à des
parents ou à des amis politiques, et les premières furent
l'origine des grandes propriétés foncières de la famille des
Omayyades.

A propos de concessions territoriales, ajoutons quelques mots
sur les concessions faites à l'armée. Suivant M. de Kremer,
c'est beaucoup plus tard seulement qu'on assigna aux troupes
des terres dont les revenus leur servaient de solde [2]. Nous
croyons volontiers que le système régulier des fiefs militaires
est une création postérieure; cependant on trouve déjà sous
Othman des concessions faites à des garnisons militaires. Les
colonies militaires, créées par Omar, formaient des postes
fixes sur les points avancés de la frontière et servaient de
rempart contre les retours offensifs de l'ennemi [3]. Une colonie
militaire, établie à Qâlîqalâ (Arménie) après la conquête du
pays sous le califat d'Othman, reçoit des concessions de terrain [4]. On trouve des concessions semblables faites en Syrie,
sur l'ordre d'Othman, par le gouverneur de la province [5];
depuis Othman, les exemples en deviennent toujours plus fré-
quents. Le revenu de ces terres, déduction faite du kharâg,
était laissé aux concessionnaires; c'étaient donc des concessions d'usufruit [6]. Rien n'empêche de faire remonter cette

---

[1] Fragment d'Ibn Asâkir, publié dans *Culturg. Streifzüge*, p. 60. *Culturgeschichte*, t. I, p. 107. Le terme de *batriq* (πατρίκιος), employé par l'auteur arabe, désigne évidemment les grands propriétaires, les *possessores*
dont nous avons parlé plus haut. Le même auteur mentionne aussi, outre
les domaines des patriciens, des « terres dépendant des villes, » c'est-à-
dire probablement d'anciens domaines municipaux des cités grecques.
Ce passage fort intéressant est malheureusement altéré.

[2] *Culturgeschichte*, t. I, p. 110.

[3] Sur la colonie militaire d'Antioche en Syrie, voir Bel. p. 147.

[4] Bel. p. 197. Le caractère militaire de cette colonie ressort du sens
de *morâbita*. Sur ce mot, voir Lane, *Dictionnaire*.

[5] Le futur calife Moâwia; Bel. p. 128. Sur le sens de رُبَّ, voir
Gloss. Bel., où M. de Goeje lit : *ar-rutab* (garnisons placées dans les lieux
de défense). Voir aussi Bel. p. 147.

[6] Le kharâg fixé par Welid (705-715) sur des terres qu'il avait assi-

institution à Omar lui-même, puisque ce calife admettait les concessions d'usufruit; cependant nous n'avons pas trouvé de preuve directe à l'appui de cette hypothèse[1].

Pour terminer, mentionnons deux exceptions faites par Omar à la règle du kharâg dans les pays conquis : les habitants de Samarie furent libérés de l'impôt foncier au moment de la conquête de ce pays[2]; l'impôt fut rétabli par le calife Yézîd. Enfin Omar imposa aux Benû Taghlib, Arabes chrétiens du Sawâd, la double dîme au lieu du kharâg, à condition de ne pas élever leurs enfants dans la religion chrétienne. Ce fait est curieux, car il trahit le désir de convertir la race arabe tout entière à la religion musulmane[3].

---

gnées à la garnison d'Antioche était d'une *dinare* et d'un *modius* de blé par arpent. Ce dernier mot est rendu par فلج, donné comme synonyme de *gerib*. C'est le grec πλήρης, par l'intermédiaire de la forme syriaque. Voir à ce sujet Fleischer, *Studien über Dozy's Supplément*, 4ᵐᵉ fragment, p. 369.

[1] Il importe de distinguer de la concession d'une terre de kharâg ce que Mâwerdi appelle *iqtâ'u'lkharâg*. Cette opération consiste à assigner à titre de salaire (*rizq*) ou de don gratuit (*çila, hiba*) le kharâg d'une terre ou d'un district tout entier. Abû Yûsuf décrit ce procédé, qui donnait lieu à de nombreux abus (fᵒ 60ᵛ, p. 61); il appartient à une époque postérieure. Une des principales sources de concessions foncières était les terres sans culture (*mawât*). Voir Mâw. p. 330.

[2] Bel. p. 158. Sur le sens de *af'amahum ardjahum*, voir Gloss. Bel. Suivant Qodâma, *tu'ma* désigne une concession viagère, *iqtâ'* une concession héréditaire. — Sur l'abaissement de l'impôt dans certains cas, voir *Culturg. Streifzüge*, p. 19. Abû Yûsuf, fᵒ 49ᵛ (p. 49). Qodâma appelle *tasrîgh, hatîta* et *tarika* un abaissement valable pour une année seulement. Yaqûbî (t. II, p. 192) donne un exemple de remise totale de l'impôt à titre de récompense. Bel. (p. 144) mentionne un impôt foncier exceptionnel dans le district de Filastîn.

[3] Cet impôt d'ailleurs était prélevé de la même manière que le kharâg, et n'avait de la dîme que le nom. Bel. p. 181. Qod. VII, 7, *Culturgeschichte*, t. I, p. 102.

VI

Les formes de l'impôt foncier.

Nous avons étudié jusqu'ici les principales lois de la propriété foncière et leur rôle dans l'imposition de la terre ; voyons maintenant les diverses formes que pouvait revêtir l'impôt foncier ; ici encore il ne sera question que du kharâg.

Les auteurs arabes distinguent trois sortes principales de kharâg :

1° Le *kharâg misâha* (*kharâg 'alâ misâhati'l-arḍi*), basé sur la mesure du sol, et prélevé en nature ou en argent[1].

2° Le *kharâg moqâsama*, impôt proportionnel sur les produits du sol.

3° Le *kharâg moqâṭa'a*, tribut annuel et fixe payé par certains pays aux musulmans.

Kharâg misâha. — Ce terme s'applique à l'impôt foncier établi par un cadastre régulier. On le trouve, dès l'époque d'Omar, dans une grande partie de l'empire, et en particulier dans les anciennes provinces romaines. Mais les indications des auteurs arabes sont insuffisantes pour donner une idée exacte de l'impôt prélevé à cette époque en Syrie et en Égypte.

Un fait constant et souvent affirmé par les auteurs, c'est que l'administration financière de ces provinces, avec les archives locales et les registres de l'impôt, fut adoptée telle quelle au moment de la conquête, et laissée entre les mains d'employés indigènes parlant et écrivant le grec[2]. En Syrie comme en

---

[1] Voir Gloss. Bel. *sub voce* كسر. Je lis misâha avec le *kesra*, d'après le Glossaire de la *Bibl. Geogr. Arab.*, *sub voce* مسح.

[2] Les registres publics portent le nom général de *dîwân*. Les étymolo-

Perse, ces registres ne furent traduits en arabe que sous le califo Abdalmélik. En Égypte, l'introduction de l'arabe comme langue officielle de l'administration paraît avoir été graduelle, et n'était point encore achevée à l'époque d'Abdalmélik [1].

Ainsi l'administration de l'impôt foncier dans les anciennes provinces romaines appartient encore sous les premiers califes à l'histoire d'une époque antérieure; nous ne donnerons à ce sujet que quelques indications sommaires.

On sait que Dioclétien avait introduit dans tout l'empire un système uniforme d'impôt foncier basé sur la division du sol en lots de terre d'égale valeur, dont l'étendue variait suivant la valeur des terres qui les composaient (*caput, jugum, Steuer-hufe*); l'impôt était réparti également sur chacun de ces lots [2].

---

gies de ce mot données par les auteurs arabes et consciencieusement reproduites par Hammer (*Ueber die Länderverwaltung unter d. Chalifate*), n'ont naturellement aucune valeur scientifique. M. le Dr Andreas a bien voulu me communiquer la solution suivante : *divân* est la forme arabe d'un mot persan *dévân*, qui appartient à la même famille que *dabir*, écrivain, *dabistân*, école, *daftar*, cahier. Tous ces mots se rattachent à une racine qui paraît dans l'iranien de l'époque pehlewie sous la forme *dap* et dont l'origine serait assyrienne. Il faut supposer pour notre mot une forme *dapi*, plur. *dpiân*, correspondant à cette racine. Le remplacement de l'*a* bref de la première syllabe par un *i* s'explique par l'épenthèse (sur ce phénomène, voir Darmesteter, *Études iraniennes*, t. I, p. 106): l'adoucissement du *p* en *r* est normal entre deux voyelles. Dîwân signifie donc à l'origine *scriptura*, sens qui s'est conservé dans l'emploi du mot pour désigner l'œuvre complet d'un poète, et qui explique fort bien comment le même mot a pu s'appliquer ultérieurement aux registres publics.

[1] Pour la Syrie et la Perse, voir Bel. p. 193 et 300. Mâw. p. 349. Ce changement eut lieu en l'an 81 de l'Hégire. Dans les anecdotes rapportées à ce sujet, les causes prétendues de cette revision sont de simples prétextes; la nécessité d'employer l'arabe dans les comptes publics s'imposait d'elle-même. Pour l'Égypte, voir Karabacek, *der Papyrus-fund von El-Faijûm*, p. 13. Dans un papyrus de la première moitié du VIIIme siècle, les chiffres de l'arpentage et de l'impôt sont encore écrits en grec. Une foule de mots arabes relatifs à l'administration et à l'économie politique sont empruntés au grec et au persan.

[2] Sur la réforme de Dioclétien, voir Savigny, *über die röm. Steuerverfassung*, dans les *Vermischte Schriften*, t. II, et les nombreux travaux

Ce système se retrouve en Syrie dans un important traité de droit traduit du grec en syriaque vers le commencement du VIme siècle. On y trouve un tableau fixant le nombre d'arpents (*jugera*) de chaque culture qu'il fallait pour former un jugum [1]. On peut donc supposer que le système des capita, conservé sous l'empire byzantin, fut introduit dans l'administration musulmane de la Syrie, quoique nous n'ayons trouvé dans les auteurs arabes aucune indication de nature à confirmer absolument cette hypothèse.

Pour l'Égypte, nous avons des renseignements plus positifs : Soyûtî dit qu'Amr exigea des Coptes le même impôt que celui qu'ils payaient aux Grecs [2]. On sait que dans ce pays, le système de l'impôt foncier avait été transmis aux Romains par les Ptolémées, qui le tenaient eux-mêmes des anciens Pharaons. Il reposait sur un arpentage complet du sol, avec l'*aroure* pour unité de mesure. Le taux de l'impôt, qui se payait en nature et en argent, était déterminé par la hauteur de la crue, et par conséquent soumis à de fortes variations d'une année à l'autre [3].

sur le même sujet. Le système des capita paraît s'être appliqué spécialement aux provinces d'Orient. Le cadastre fixait pour chaque domaine : le nom de la pièce de terre, la commune, le canton, l'espèce de culture avec le nombre des jugera ; en outre, pour les vignes et les oliviers, le nombre des pieds. L'impôt se prélevait en nature et en proportion de la récolte, ou bien en argent sur la valeur du terrain. Fixé chaque année d'avance, il était réparti dans chaque district d'impôt d'après le nombre des capita comptés dans le cadastre. L'autorité qui présidait à la répartition était responsable envers l'État de l'impôt de son district. Il y avait de temps à autre une revision du cadastre, où l'on tenait compte des transmissions de propriété et des changements survenus dans les conditions agronomiques des terres. Une grande partie de ces usages se retrouvent dans l'administration musulmane. Voir Mâw. chap. sur les diwàn, p. 356 ss.

[1] *Römisch-syrisches Rechtsbuch*, éd. Bruns et Sachau, I, p. 33 ; II, p. 37 et 286.

[2] *Op. cit.*, t. I, p. 86.

[3] Voir Lumbroso, *Recherches sur l'économie politique de l'Égypte sous les Lagides*, p. 289 ss. Robiou, *Mémoire sur l'économie politique..... de l'Égypte*, p. 150 ss., et les nombreux travaux de M. Revillout.

On retrouve dans les auteurs musulmans des traces évidentes
de cette institution; ainsi l'impôt fixé par Amr était payable en
argent et en nature. Les historiens arabes nous ont laissé à cet
égard des indications isolées dont l'étude comparée conduirait
peut-être à un résultat positif[1].

Le premier cadastre exécuté en Égypte sous la domination
musulmane date seulement de l'année 725, c'est-à-dire de la
fin du règne des Omayyades[2].

On sait aussi que, sous l'empire romain, l'Égypte avait à
fournir les céréales nécessaires à l'alimentation de la capitale
(*annona civica*). Cet usage existait encore sous les musulmans :
on expédiait à Médine des convois de céréales, fait curieux
qui montre jusqu'où les conquérants poussaient l'imitation des
coutumes étrangères[3].

Une autre institution romaine qu'on retrouve dans l'admi-

---

[1] Bel. p. 214 : pour chaque gerib, une dinare et trois *ardab* (ἐρτάϐι)
Yaqûbî, *op. cit.*, t. II, p. 177 : pour 100 ardab de récolte, deux ardab.
Dans le premier cas, c'est un *kharâg misâha*, dans le second, un *kharâg
moqâsama*. Soyûti, *op. cit.*, t. I, p. 87, donne sur la répartition de l'impôt
les détails suivants : les autorités de chaque district se réunissaient et
discutaient la répartition; l'impôt était divisé entre les districts, puis
on le partageait entre les communes d'un même district, en laissant de
côté certaines terres exemptées par privilège. Si un fellah ne pouvait
acquitter sa part d'impôt, on en reportait une partie sur des cultivateurs plus aisés. Les chiffres donnés par cet auteur indiquent un impôt
en nature (sur chaque *feddân*, ½ ardab et deux *waiba*; sur ces termes,
voir Karabacek, *op. cit.*). L'impôt en nature pouvait être converti
en argent (Bel. p. 216); cette opération se pratiquait déjà sous les
Lagides (Lumbroso, *op. cit.* p. 294). L'impôt prélevé, Amr gardait ce
dont il avait besoin pour les dépenses de l'administration et envoyait le
reste à Omar (Bel. 219). L'Égypte continua d'être un grenier où l'on
puisait à pleines mains; cependant l'impôt levé par Omar n'atteignait
pas la moitié de ce qu'il rendait sous les Grecs. Sur les causes de cet
abaissement, et sur les règles à observer pour maintenir la fertilité du
sol, voir Soyûti, *op. cit.* t. I, p. 89. La publication des papyrus du Fayyum
jettera un jour nouveau sur cette question intéressante.

[2] Karabacek, *op. cit.* p. 23. Soyûti, *op. cit.* t. I, p. 87.

[3] Bel. p. 216. Soyûti, *op. cit.* t. I, p. 90, où il est question du prix de
transport des céréales de l'Égypte dans le Hedjâz.

·nistration d'Omar est celle des livraisons en nature faites dans chaque province pour la nourriture et l'entretien des troupes (*annonæ, Naturallieferungen*). Les auteurs arabes nomment les mêmes produits que ceux qui composaient les *annonæ* de l'empire romain, et une partie des termes qu'on rencontre à ce sujet sont des mots grecs ou latins arabisés. Sous les Romains, ces redevances formaient une annexe de l'impôt foncier; sous les musulmans, elles se rapprochaient plutôt de la capitation et formaient des charges personnelles imposées aux non-musulmans; elles sont toujours mentionnées à la suite des chiffres de la gizya [1].

Dans l'Iràq, Omar adopta le système d'impôt établi sous les Sassanides. Tabarî attribue à Khosrau Ier l'organisation de l'impôt basé sur la mesure du terrain, avec le gerib pour unité de mesure. L'impôt d'un gerib était fixé en dirhem, et ce chiffre variait avec les divers genres de culture [2].

[1] Ces redevances comprenaient des céréales (orge et blé), de l'huile, du vinaigre, du miel, de la viande et de plus, en Égypte, des vêtements pour l'armée. Bel. *passim. Gesch. der herrsch. Ideen*, p. 459. *Culturgeschichte*, t. I, p. 61. Compar. Marquardt, *Handbuch der röm. Alterthümer*, t. II, p. 224. Parmi les mots grecs passés en arabe, se trouve جرى, qui désigne les greniers où l'on entreposait les produits naturels fournis par l'*annona*. C'est le latin *horreum*, grec ὅρριον, ὥριον, ὥρα. Le mot arabe correspond exactement à cette dernière forme (voir du Cange. *Glossarium*).

[2] Tabarî, I, p. 960. Nöldeke, *op. cit.* p. 211 ss. *Culturgeschichte*, t. I, p. 62. — Sur *gerib*, voir Nöldeke, *op. cit.* p. 242, note 2. — Les chiffres de Khosrau sont donnés par Tabarî. Le procédé suivi par le roi perse présente avec l'impôt romain de curieux rapprochements : le cadastre terminé, le roi fixe la somme de l'impôt à prélever pour l'année suivante; puis il est réparti sur les diverses cultures (Nöldeke, *op. cit.*, p. 242 et 351; comp. Savigny, *op. cit.*, t. II, p. 128). Khosrau fixe pour le payement de l'impôt trois époques dans l'année (*simarrak*) qui rappellent les trois termes de l'impôt romain. En Perse, on compte les pieds de palmiers et d'oliviers, ce qui se faisait aussi pour l'impôt romain dans les provinces orientales (Bruns et Sachau, *op. cit.* II, p. 288). Il y a un rapport analogue entre la capitation persane et la capitation romaine. Cette dernière paraît empruntée à l'Orient, car elle existait depuis longtemps en Égypte, en Syrie et dans les satrapies achéménides (ἐπικεφάλαιον)

Omar entreprit un nouvel arpentage do la province et revisa
les chiffres de l'impôt, ce qui explique les différences qu'on
remarque entre les chiffres de Khosrau et les siens. En outre,
ces derniers ne sont pas les mêmes dans toutes les traditions;
cette anomalie provient de ce qu'Omar employa plusieurs
experts dans les diverses parties de la province. Après les opérations de l'arpentage, ceux-ci fixèrent, suivant les conditions
économiques de leur circonscription, des tarifs spéciaux qui
furent ratifiés par le calife [1].

Outre ces taxes en argent, chaque gerib pouvant être arrosé
fut imposé d'un dirhem et d'un ou deux *qafiz* en nature, que
la terre fût cultivée ou non [2]. Une autre tradition qu'on peut
rapprocher de celle-là dit qu'Omar préleva sur chaque gerib
de blé et d'orge une taxe d'un ou deux qafiz de grains, et

---

[1] Sur la surface totale et la division géographique du Sawâd, voir
Mâw. p. 300. Maçûdi, *Kitâbu't-tanbih*, fragments publiés dans l'éd.
française des *Prairies d'or*, t. IX, p. 301. Sur les délégués d'Omar, Bel.
p. 269. Abû Yûsuf, f° 17 (p. 16 ss.). *Culturgeschichte*, t. I, p. 63 et 98.
Sur la variété des tarifs, Bel. p. 271. Qod. VII, 7; on peut aussi l'expliquer par des fautes de copistes. Voici les principaux chiffres, relevés
dans Mâwerdi, Belâdhori, Abû Yûsuf, etc., avec quelques variantes en
parenthèse : un gerib de palmiers, 10 (8, 5) dirhem; d'après une autre
tradition l'impôt des palmiers se prélevait sur le nombre des pieds,
comme sous les Sassanides. Un gerib de forêt, 10 d.; vigne 10 (8) d.;
canne à sucre, 6 d.: prairies et plantations de cotonniers, 3 d., sésame,
5 d.; froment, 4 d.; orge, 2 d. D'après quelques traditions, les palmiers
étaient exempts d'impôt; cette disposition s'appliquait aux palmiers
isolés, exemptés déjà sous les Perses (Nöldeke, *op. cit..* p.246). Comparer
Abû Yûsuf, f° 22 : « Sont exempts d'impôt tous les palmiers plantés
dans une terre cultivée, » c'est-à-dire poussant isolément sur un terrain
produisant d'autres cultures et payant déjà l'impôt pour ces cultures.
Le calife Ali promulgue une loi analogue (Bel. p. 271).

[2] Bel. p. 269. Abû Yûsuf, f° 22 (p. 21). M. de Kremer, s'appuyant
probablement sur ce fait, a ajouté pour l'impôt de chaque espèce de
culture un nombre de qafiz égal à celui des dirhem. Cette double imposition ne se trouve que dans une ou deux listes partielles; elle n'existe
pas non plus dans le tarif de Khosrau, qui servit de base à ceux d'Omar.
Sur la mesure appelée *qafiz*, voir Nöldeke, *op. cit.* p. 246, note 6. *Culturg. Streifzüge*, p. 18. De Gœje, Gloss. *Bibl. Geogr. arab.*

que cette redevance était employée à la nourriture des troupes ; c'étaient donc des *annonœ* pareilles à celles qui existaient dans les provinces romaines [1].

En outre, le kharâg misâḥa paraît s'être étendu à une grande partie de la Perse ; mais les auteurs ne donnent pas de détails sur les tarifs des autres provinces persanes pour l'époque d'Omar [2].

Kharâg moqâsama. — On a vu que ce système d'impôt était employé en Arabie, soit pour les terres annexées, soit pour les pays alliés qui payaient aux musulmans une redevance sur les produits du sol. On le retrouve en dehors de l'Arabie, sans qu'on puisse, pour l'époque d'Omar, le rattacher à des provinces déterminées.

Le mode d'imposition employé en Perse avant la réforme de Khosrau était la moqâsama [3] ; Maçûdî prétend même que cette réforme ne s'étendit qu'à l'Irâq. Quoique cette assertion paraisse exagérée, on peut supposer que la moqâsama avait subsisté à côté du nouveau système et s'était introduite avec lui dans l'administration musulmane, car on la retrouve sous

[1] Tabari dans Nöldeke, *op. cit.*, p. 246. Sur ces redevances en nature, voir Abû Yûsuf, f° 22. Bel. p. 270. Yaqûbî, *op. cit.* t. II, p. 173. Qod. VII, 19. Sur les *annonœ* de l'Irâq, *Culturgeschichte*, t. I, p. 61. Yézîd II (720) revisa les tarifs du Sawâd et introduisit de nouveau une partie des abus supprimés par Omar II ; voir Yaqûbî, t. II, p. 376.

[2] Le district d'Ahwâz fut compris dans les opérations de cadastre faites dans l'Irâq ; sur son impôt, voir Yaqûbî, t. II, p. 180. — Abû Mûsâ, gouverneur de Baçra en l'an 16, établit dans les « districts du Tigre » l'impôt foncier sur la mesure du terrain (Bel. p. 345). — Les chiffres donnés par Içtakhrî et Ibn Hauqal pour l'impôt de leur temps dans une partie de la Perse sont tout à fait hors de rapport avec ceux qu'on trouve en Irâq à l'époque d'Omar. Une pareille augmentation ne s'explique pas assez par la baisse du prix de l'argent ; il faut tenir compte du mauvais état des finances et des exactions auxquelles les contribuables furent bientôt soumis. D'ailleurs, on ne doit pas attacher trop d'importance aux chiffres, qui risquent toujours d'être altérés par les copistes.

[3] Ibn Hauqal, p. 217. Mâw. p. 304.

les Abbassides dans quelques provinces persanes [1]. Sous les
mêmes califes l'impôt proportionnel en nature fut rétabli dans
la province du Sawâd. Cette réforme fut commencée par Man-
çûr, qui introduisit la moqâsama pour le blé et pour l'orge;
son successeur Mahdî l'étendit aux autres cultures [2]. D'après
Mâwerdî, les redevances fixées par cette loi variaient entre la
moitié et le quart de la récolte, suivant que la terre exigeait
une irrigation plus ou moins coûteuse [3].

[1] Dans les provinces kurdes appelées *rumm* (Içtakhrî, p. 157). Sur
les rumm, voir *Culturgeschichte*, t. I, p. 297. Içtakhrî mentionne encore
parmi les terres de moqâsama certains domaines confisqués par le Trésor
et une catégorie de terres qu'il appelle *ḍiyâ' sulṭâniyya*; c'étaient des
domaines de la couronne, affermés à des cultivateurs moyennant une
redevance variant entre le dixième et le quart de la récolte. Il ne faut
pas les confondre avec les *çafiyya*, qui étaient des domaines publics.
Les domaines de la couronne étaient administrés comme les domaines
impériaux de l'empire romain, dont les fermiers payaient à l'empereur
une redevance en nature sur les récoltes. La même institution existait
sous les Sassanides; Yaqûbî prétend que les souverains de la Perse
possédaient des terres dont l'impôt était prélevé par le roi lui-même et
ne rentrait pas au Trésor (t. II, p. 258). C'était avec ces terres qu'Omar
avait créé les çafiyya; elles étaient devenues des domaines publics, mais
elles avaient gardé leur administration particulière, car Yaqûbî nous
dit que les çafiyya ne furent point comprises dans les opérations de
cadastre faites par Omar dans l'Irâq. Les terres que nous avons appelées
« domaines de la couronne » étaient au contraire la propriété des
califes; on ne peut donc en faire remonter l'origine au delà d'Othman.
En tout cas, les çafiyya et les domaines de la couronne formaient deux
classes de terres à part dans l'administration de l'impôt. — Içtakhrî, en
parlant de « domaines confisqués par le Trésor, » veut peut-être désigner
les çafiyya.

[2] Mâw. p. 136. Bel. p. 277. *Culturgeschichte*, t. I, p. 279. L'auteur,
induit en erreur par une faute d'impression de Mâwerdî, p. 136 (corrigée
dans le Glossaire du même volume), attribue à Mohtadî une partie de
la réforme de Mahdî.

[3] La moitié pour les terres arrosées naturellement, le tiers pour
celles qu'on arrosait avec des roues appelées *dawâlîn*, le quart pour
celles qui exigeaient un établissement plus coûteux (machines appelées
dawâlîb). Abû Yûsuf, dans un des chapitres les plus intéressants de son
livre (fº 30ʳ, p. 29), propose au calife Hârûn, pour le Sawâd, les chiffres
suivants : pour le blé et l'orge arrosés naturellement, les ²⁄₅; pour les

Cette innovation fut faite, à ce qu'il semble, en vue de supprimer certains abus qui se produisaient dans l'administration de l'impôt. Malgré la réforme monétaire d'Abdalmélik, il circulait encore des dirhem de valeur inégale, et les employés du fisc agiotaient sur ces valeurs aux dépens des contribuables[1]. Màwerdi donne ailleurs pour motif la baisse du prix des denrées; les tarifs en dirhem, fixés sur la valeur primitive des récoltes, se trouvaient dès lors beaucoup trop élevés[2]. D'ailleurs le montant de la moqàsama pouvait être acquitté en argent. La partie de la récolte à livrer était alors mise à part, vendue aux prix courants du marché, et le fisc encaissait le produit de la vente. Ce système, emprunté probablement à l'Égypte, se pratiquait pour les domaines de la couronne dont nous avons parlé dans une note précédente[3].

Kharàg moqâta'a. — On désigne sous ce nom une classe

mêmes produits avec irrigation artificielle, les ³₁₀ ; pour les palmiers, les vignes, les jardins, les luzernes, le tiers ; pour certaines récoltes qu'il appelle *ghilàlu'ç-çaifi* (récoltes de l'été), le quart seulement ; ces chiffres sont beaucoup plus modérés que ceux de Màwerdi. Ce projet, qui n'a probablement jamais été exécuté, montre qu'à l'époque de Hàrûn on pensait déjà à la moqàsama pour la province du Sawàd. — Sur la différence observée entre l'irrigation naturelle et l'irrigation artificielle, soit pour la dîme, soit pour le kharàg, voir Bel. p. 56. Içtakhri, p. 157. Ibn Hauqal. p. 216. Abû Yûsuf, f° 22ʳ (p. 21). Qod. VII, 7. D'après ce dernier, la moqàsama des terres arrosées naturellement doit être le double de celle qu'on prélève sur les terres à irrigation naturelle. — Sur le mot *ratba*, luzerne, voir Nöldeke, *op. cit.* p. 241.

[1] Màw. p. 136. — Sur la question monétaire et la réforme d'Abdalmélik, voir Màw. p. 267. Bel. p. 465. *Culturgeschichte*, t. I, p. 168. Sauvaire, *Matériaux pour servir à l'histoire de la numismatique et de la métrologie musulmanes.*

[2] Qodàma (VII, 7) donne le même motif et ajoute que Mahdi voulut imiter le contrat passé entre Mahomet et les habitants de Khaibar ; il donne le même tarif que Màwerdi. — Sur la hausse et la baisse du prix des denrées (*si'r*), et les graves inconvénients qui en résultaient pour les cultivateurs, voir Abû Yûsuf, f° 23ᵛ (p. 27-28) et le chapitre important qui commence à la p. 60.

[3] Içtakhri, Ibn Hauqal, *loc. cit.* Sur cette opération, voir Abû Yûsuf, f° 23ᵛ. Comp. Lumbroso, *op. cit.* p. 291.

particulière d'impôts, les tributs payés au gouvernement par
des particuliers, des villes ou des provinces entières. Ces tributs, une fois fixés, restaient invariables; c'est le trait qui les
distingue. Ils pouvaient être de nature diverse; c'étaient tantôt
des sommes d'argent, tantôt des redevances en objets mobi-
liers, tantôt des impôts sur la terre et ses produits. Tous ces
tributs portent les noms généraux do *itâwa, qânûn, wazîfa,
kharg,* etc. Le kharâg moqâṭa'a est donc un impôt foncier
établi d'après ce système, c'est-à-dire un tribut annuel et invariable prélevé sur la terre [1]. Pour faire comprendre la nature
de cet impôt foncier, il faut dire quelques mots sur la moqâṭa'a
en général.

En jetant un coup d'œil sur la répartition géographique des
tributs de moqâṭa'a, on remarque qu'ils se trouvent généralement dans les provinces extérieures de l'empire musulman,
c'est-à-dire dans les pays alliés. Cette remarque est appuyée
par les faits suivants :

Presque toutes les villes mentionnées par Belâdhorî comme
soumises à la moqâṭa'a sont situées sur les confins ou en dehors
du territoire musulman proprement dit [2]. En outre, on trouve
généralement dans les provinces excentriques des tributs portant les divers noms réservés aux redevances de moqâṭa'a.
On se souvient que Mahomet avait imposé aux peuples alliés
de l'Arabie des tributs fixes et annuis de diverse nature. Ces
tributs de Mahomet furent l'origine de ceux qui nous occupent
ici; on en trouve de nombreux exemples chez les historiens.

---

[1] On dit : *qiṭa'aku 'alà kharâgi kadhâ* et *qâṭa'aku 'alà kadhâ dirha-
man.* Voir Gloss. *Bibl. geogr. arab.* et Gloss. Bel. *sub voce* « *qisama.* »
Sur les noms de ces tributs, voir les dictionnaires. Les deux premiers
sont cités dans le Gloss. Bel. *Wazîfa* se rencontre dans un sens analogue, par ex. Bel. p. 320, 404, 429. Sur le sens postérieur de ce mot,
voir Worms, *op. cit., passim. Kharg* est un terme très général; pour
le sens que nous lui donnons ici, voir Bel. p. 153, 200, 201. — *Moqâṭa'a*
s'applique aussi à la capitation payée *in summa* par toute une communauté de non-musulmans. (Bel. *passim.* Von Tornauw, *op. cit.* p. 320.)

[2] La plupart de ces villes sont mentionnées dans l'article du Gloss.
Bel. cité dans la note précédente.

Citons encore à l'appui de cette hypothèse un trait assez fréquent dans l'histoire des conquêtes musulmanes : certaines provinces avaient été soumises par les vainqueurs à un tribut fixe et annuel ; reprises à la suite d'une révolte, on leur avait imposé le kharàg et la gizya, c'est-à-dire qu'on les avait incorporées au territoire musulman ; on peut en conclure que le tribut que ces provinces payaient auparavant les classait parmi les pays alliés[1].

Enfin nous avons dit que, dans les pays alliés, l'administration locale était laissée entre les mains des habitants, et que l'autorité musulmane ne s'y exerçait que d'une manière générale. Ce fait s'accorde bien avec le mode de répartition des tributs de moqâṭa'a ; ils étaient fixés *in summa* par le calife, le gouverneur ou le général au moment de la conquête[2] ; la répartition en incombait aux autorités locales et quasi-indépendantes. Un percepteur envoyé alors par le gouvernement musulman était chargé de recueillir les redevances exigées, dont il était responsable envers le Trésor[3]. Quelquefois ces pays ressortissaient, pour leur impôt, d'une province voisine plus directement administrée par les gouverneurs du calife[4]. Dans bien des cas, l'autorité musulmane était plus nominale que réelle, et l'impôt ne rentrait pas régulièrement[5].

[1] Bel. p. 309, 338, etc. Il s'agit de provinces au nord de la Perse.
[2] Une partie de ces redevances étaient des tributs de guerre.
[3] Le percepteur du Khorasàn pour l'année 81 est nommé par Haggàg, gouverneur de l'Iràq (Tabarî II, p. 1063). Sïsar en Arménie formait avec plusieurs cantons environnants un seul district d'impôt, sous la surveillance d'un percepteur qui payait au calife la moqâṭa'a de son district (Bel. p. 310). De là à la ferme de l'impôt, il n'y a qu'un pas.
[4] Barqa ressortissait de l'Égypte (Bel. p. 224) ; Urmia faisait partie du district de Mosul (p. 331) ; Hllàt, en Arménie, se rattachait à celui de Bidlis (p. 176).
[5] Belàdhorî donne une tradition curieuse sur l'état de l'Arménie après la conquête : Les patriciens (c'est-à-dire les représentants de l'autorité locale) continuèrent à résider chacun dans son district ; lorsqu'arrivait le percepteur chargé de recueillir l'impôt, on ne le lui payait que s'il savait se faire obéir par la force ; sinon, personne ne s'inquiétait de lui (p. 210).

Les tributs de moqâṭa'a comprenaient des redevances de
tout genre; c'étaient tantôt des sommes d'argent (dans les
districts du Tabaristân, de Kâbul, de Nišâpûr, d'Herat, etc.),
tantôt des livraisons d'esclaves, de bétail ou de produits divers
(dans le Tabaristân, en Arménie, à Merw, en Nubie, etc.),
tantôt des redevances sur la terre; occupons-nous seulement
de ces dernières qui forment plus spécialement le kharâg moqâṭa'a [1].

Après ce qui a été dit sur la nature des tributs de moqâṭa'a,
il ressort que le kharâg moqâṭa'a n'était pas prélevé sur la mesure du terrain ni sur les produits du sol, comme cela avait lieu
pour les deux systèmes précédents. D'après Içtakhrî, c'était un
impôt sur le revenu moyen de la terre; on évaluait ce revenu sur
plusieurs années en prenant pour base le prix des récoltes de chaque année; puis on fixait pour l'impôt une somme invariable,
dont l'évaluation reposait ainsi sur la valeur approximative du
terrain [2]. Ceci explique pourquoi le kharâg moqâṭa'a se prélevait
aussi quand la terre n'était pas cultivée, ce qui n'avait pas lieu,
en théorie du moins, avec les autres systèmes d'impôt foncier.

Cette somme pouvait être payée en argent ou en nature, de
même que l'impôt de la moqâsama pouvait être payé en argent.
Ainsi les denrées livrées à l'État par la moqâsama formaient
toujours une fraction même de la récolte de l'année, tandis que
celles qui lui étaient fournies par la moqâṭa'a représentaient
un impôt prélevé en nature sur le revenu moyen de la terre.

Il va sans dire qu'une estimation aussi exacte ne pouvait se
faire dans toutes les provinces qui payaient des tributs de moqâṭa'a sur la terre; elle s'appliquait surtout à certains domaines
compris dans le territoire musulman [3]. Dans les pays alliés, le

[1] Ces redevances portent aussi les noms mentionnés plus haut; celui de
{asq désigne plutôt l'impôt foncier prélevé sur les deux autres systèmes;
Qod. VII, 7. *Culturgeschichte*, t. I, p. 276.
[2] Ibn Hauqal, p. 216. Sur le sens spécial de *'ibra* dans ce passage,
voir l'explication donnée dans le Gloss. *Bibl. geogr. arab.*
[3] Içtakhrî mentionne parmi ces derniers plusieurs *rumm* de la Perse

kharâg moqâṭa'a était un impôt prélevé sur l'ensemble d'un district ou d'une province ; comme pour tous les tributs de cette catégorie, la répartition en incombait aux autorités locales.

Dans les localités nommées par Belâdhorî, la moqâṭa'a est presque partout un impôt sur la terre, soit en nature, comme à Émèse, soit en argent, comme à Qazwîn. Voici quelques exemples analogues empruntés au même auteur :

Lorsque Merwân ibn Mohammed (plus tard Merwân II) fit sous Welîd II la conquête de l'Arménie septentrionale et du Transcaucase, il imposa aux villes de ces pays un tribut fixe et annuel en céréales, variant entre 5000 et 100,000 modius ; ces produits étaient déposés dans des magasins construits à cet effet à Bâb al-abwâb, sur la mer Caspienne [1]. Tiflis, ville alliée comme toute l'Arménie, payait un impôt de 100 dirhem par an sur des vignes et des moulins ; si vague que soit cette indication, on reconnait là un kharâg moqâṭa'a [2].

On peut aussi rattacher à cette catégorie les tributs en argent exigés dans certaines provinces alliées ; quand les valeurs monnayées faisaient défaut, le tribut pouvait être payé en nature et devenait ainsi une redevance foncière [3].

On voit que le kharâg moqâṭa'a n'a pas de caractère nettement défini. Ici, kharâg s'emploie dans le sens général de tribut ou redevance, sans qu'on puisse toujours savoir s'il s'agit d'un

et une partie des domaines de la couronne. Voir aussi *Culturg. Streifzüge*, p. 19, et *Culturgeschichte*, t. I, p. 273, où l'auteur mentionne sous le nom de *Freigüter* certains domaines d'exception sous le rapport de l'impôt, soumis à une redevance fixe. Le district de Hîra, qui faisait exception à la règle du waqf, payait aussi un tribut fixe ; Yaqûbî, t. II, p. 147).

[1] Bel. p. 207. Sur Bâb al-abwâb (al bâb wa'l-abwâb, ou Bâb tout court, aujourd'hui Derbent), voir Moqaddasî, p. 380. Ibn Hauqal, p. 241, etc. Ces redevances étaient une espèce d'*annona*, et les magasins où on les déposait portent également le nom de *hury*.

[2] Bel. p. 202.

[3] Bel. p. 406.

impôt sur la terre; et même lorsqu'on est fixé sur ce point, on
ne sait pas par quel procédé cet impôt était prélevé. L'incerti-
tude où les auteurs nous laissent à cet égard s'explique par la
situation exceptionnelle des pays alliés, dont l'administration
échappait au contrôle du gouvernement musulman. On comprend maintenant pourquoi Mâwerdî, dans sa classification des
terres, dit que le kharâg des pays alliés n'est pas un impôt
foncier proprement dit.

Pour compléter ce rapide aperçu, il faudrait donner encore
quelques détails sur l'administration du kharâg, parler de la
division des provinces en districts d'impôt, des employés de
l'État et des registres publics; nous devons nous borner à quelques observations.

Dès la première époque du califat, le souverain n'exerçait
dans tous ses États qu'une autorité relative. L'administration
des provinces était entre les mains des gouverneurs qui cher-
chaient à se soustraire au contrôle du pouvoir central. Le gouverneur faisait rentrer l'impôt de sa province, en gardait une
partie pour les dépenses de son administration et envoyait le
reste au Trésor [1]. Ce procédé, qui favorisait singulièrement les
mesures arbitraires, explique les abus introduits dans les opérations du fisc, les charges croissantes des contribuables, l'ap-

---

[1] *Culturgeschichte*, t. I, p. 162. Sur la méthode employée par Omar
avec ses percepteurs, voir Yaqûbî, t. II, p. 181. Dès cette époque, la
rentrée de l'impôt était une des tâches les plus ardues du calife; voir
à ce sujet Yaqûbî, t. II, p. 241. Sous Omar, la collecte de l'impôt
incombait aux commandants militaires, puis aux gouverneurs; Othman,
effrayé de leur puissance, cherche à séparer cette branche de l'administration, sans y réussir, à ce qu'il semble (Soyûtî, t. I, p. 76). Moâwia
renouvelle cette tentative, et nomme à Kûfa un *çâhibu'lkharâg* indé-
pendant du gouverneur. Ce fonctionnaire joue dès lors un rôle important
dans le gouvernement. (*Culturgeschichte*, t. I, p. 96, 161 et *passim*). Sur
les dîwân et les employés de l'État, voir Mâw. chap. 17 et 18. Les
nombreuses indications d'Ibn Khaldûn ont trait pour la plupart à des
institutions postérieures.

pauvrissement graduel des terres et, par suite, la diminution des revenus de l'impôt. A ce chapitre de l'administration du califat se rattache une question qui n'a pas encore été suffisamment étudiée, celle de la ferme des impôts [1].

Pour la partie purement financielle, M. de Kremer a donné un tableau fort complet des chiffres de l'impôt dans les diverses provinces, d'après les listes d'Ibn Khaldûn, de Qodâma, d'Ibn Khordâdbeh et de Wassâf [2]. Il faudrait y ajouter les indications qu'on trouve dans un grand nombre de passages chez les historiens et les géographes; mais il est douteux qu'on arrive à une connaissance exacte des revenus du califat. Si l'on considère que les chiffres indiqués se rapportent à une seule année et que le revenu de chaque province était exposé à des fluctuations constantes par suite d'une administration irrégulière, si l'on tient compte enfin des altérations que les copistes ont fait subir aux chiffres, on se fera une idée des difficultés que présente une pareille recherche.

VII

Fragment sur le kharâg, tiré de l'ouvrage de Mâwerdi [3].

Si le kharâg est prélevé sur la mesure du terrain, c'est-à-dire si l'on impose chaque gerîb d'une quotité déterminée en

---

[1] Cette institution fut peut-être empruntée aux Grecs, mais elle paraît être postérieure à l'époque d'Omar. Voir Abû Yûsuf, f° 59ʳ. *Culturgeschichte*, t. I, p. 282.

[2] *Culturgeschichte*, t. I, chap. 7. Les chiffres que nous avons trouvés dans le manuscrit Schefer sont quelquefois reproduits dans un autre passage avec des modifications sensibles.

[3] Mâw. p. 253, *infra*. Ce fragment débute par la classification des terres qui a été résumée plus haut; la traduction donnée ici com-

argent ou en nature [1], et que cet impôt cesse de peser sur une
partie de la terre par suite de la conversion des habitants à
l'islamisme, les autres terres continuent à payer le même impôt
qu'auparavant ; on ne leur fait pas supporter le kharâg qui a
été supprimé sur une terre voisine.

Si la terre est frappée d'un impôt invariable fixé par un traité
de paix (çulḥ), cet impôt n'est pas prélevé sur la mesure du
terrain. Sbafeï dit qu'il faut retrancher d'un tribut exigé à la
suite d'un traité de paix la quote-part des habitants qui se convertissent ; mais Abû Ḥanîfa prétend que dans ce cas le nouveau converti ne doit pas être libéré de sa charge [2].

Pour fixer la quotité du kharâg, on tient compte de la capacité d'impôt de la terre. Lorsque Omar établit le kharâg dans
le Sawâd, il fixa pour plusieurs districts de cette province
l'impôt d'un qafîz et d'une dirhem par gerîb, suivant l'exemple
de Khosrau ibn Qobâdh ; ce roi fut le premier qui mesura
le Sawâd, fixa l'impôt, dressa le cadastre des terres et créa les

mence à la p. 256, l. 9. Aux emprunts faits à Mâwerdî et cités par
Enger dans la préface de son édition, p. III, il faut ajouter les nom-
breuses citations répandues dans la *Culturgeschichte*, et la notice sur
Mâwerdî, *ibid.*, t. I, p. 396.

[1] *Warq ṣaḥabb*, l'*aurum et frumentum* des Romains. Voir Mâw. p. 136,
l. 20 ; p. 258, l. 2, où *warq* est opposé à la moqâsama qui se payait en
nature. Voir encore Mâw. p. 256, l. 11 ; p. 259, l. 8 ; p. 357, l. 6 p. 358,
l. 2. — *Warq ṣa'ain*, argent et or : Mâw. p. 136, l. 9 ; p. 268, l. 9 ;
p. 269, l. 15. — *Ahlu'lṣarq* et *ahlu'dh-dhohab* rend le français : les
fortunes moyennes et les grosses fortunes (Bel. p. 124).

[2] Il s'agit ici d'un tribut de moqâṭa'a et de pays alliés. On a vu que
d'après Mâwerdî, qui était lui-même shaféite, les peuples alliés conservaient la propriété de leurs terres et que les nouveaux convertis y
étaient libérés du kharâg. *Çulḥ* désigne souvent un traité passé avec les
peuples alliés, comme on l'a vu plus haut (p. 35), et, par extension, le
tribut stipulé par ce traité (Gloss. Bel.) ; de là le terme de *ahlu'ç-çulḥ*
appliqué aux peuples alliés. Voici l'opinion de Mâlik et des savants du
Hedjâz : *in aslama ragulun min ahlî'ç-çulḥi, uḥidha min arḍihî'l'uṣru
ṣasaqaṭat ḥiççatuhu mina'ç-çulḥi... ṣa'inna ahla Qubrusa lau aslamû
gami'an çârat arḍuhum 'uṣriyyatan li'annahâ lam tu'ḥadh minhum.*
Qod. VII, 3. Ce passage de Qodâma confirme ce qui a été dit sur Chy-
pre (voir p. 35, note 1).

registres publics [1]. Il tint compte de la capacité d'impôt de la terre et prit soin de ne léser ni les intérêts des propriétaires ni ceux des cultivateurs. Il préleva sur chaque gerib un qafiz et une dirhem; le poids du qafiz était de 8 *ratl* et sa valeur de 3 dirhem au poids du *mithqâl* [2]. Ce fait était connu partout, puisqu'on en retrouve la trace chez les Arabes d'avant l'islamisme dans un vers du poète Zohair ibn abî Salmâ [3].

Dans d'autres parties du Sawâd, Omar fixa des tarifs différents. Il employa pour cela Othman ibn Hunaif, et le chargea de mesurer la terre et la frapper d'un impôt supportable. L'arpentage terminé, celui-ci fixa le tarif suivant :

Pour un gerib de vigne et d'?⸱⸱⸱ en plant serré. 10 dirhem.

»	palmiers	8	»
»	canne à sucre.................	6	»
»	luzerne (*ratba*)	5	»
»	froment.....................	4	»
»	orge........................	2	»

Puis il fit rapport à Omar qui mit ce tarif en vigueur.

Dans certaines parties de la Syrie, Omar suivit un autre

---

[1] C'est Khosrau Ier Anôsiarwân (531-579). — *Istauqafahu* : Enger dans son glossaire de Mâwerdî traduit ce mot par *certior factus est*; Dozy, dans le *Supplément*, réfute ce sens sans en proposer d'autre. On sait que la Xe forme n'a jamais un sens purement passif (Fleischer, *Beiträge*, 1863, p. 162-176). Ce verbe est ici un réfléchi de la Ire forme, avec le sens de constater quelque chose (pour soi), s'en assurer. M. le professeur Fleischer a bien voulu me donner cette explication.

[2] *Dirham bixazni'lmithqâl*; c'était l'ancienne dirhem persane, qui pesait un mithqâl. La dirhem arabe ordinaire est appelée *dirham bixazni sab'a*, c'est-à-dire que 10 dirhem pesaient 7 mithqâl. Voir Mâw. p. 265.

[3] Mâwerdî donne le vers en texte : « La guerre vous rapportera ce que des villes en Irâq ne rapportent pas à leurs habitants en dirhem et en qafiz, » c'est-à-dire elle vous rapportera bien plus, dans un sens ironique. Rückert (*Hamasa*) :

Es wird euch Segen tragen, desgleichen Irak's Feld
Nie eintrug seinen Bauern an Scheffeln und an Geld.

Voir *Mo'allaqa* de Zohair, éd. Arnold, vers 33. *Hizânatu'l-adab*. éd. Boulaq 1299, t. I, p. 442.

procédé[1] ; mais comme il se dirigea partout sur la capacité d'impôt de la terre, il faut qu'après lui ceux qui fixent l'impôt suivent le même principe. En effet, cette capacité n'est pas la même pour toutes les terres, et, sous ce rapport, on peut invoquer trois causes différentes des variations qui se produisent dans la quotité de l'impôt[2].

La première, inhérente à la terre même, est la qualité du sol ; un bon terrain favorise la croissance des récoltes, un sol médiocre arrêtera l'essor de la végétation[3]. La deuxième de ces causes se rattache à la culture, c'est la variété de récoltes ; il y a des produits qui ont plus de valeur que d'autres, et le kharâg est en proportion de ces valeurs. La troisième enfin est du domaine de l'irrigation ; les bêtes de somme et les roues à eau entraînent des frais considérables, et les terres arrosées par ces moyens ne peuvent être imposées à l'égal des champs arrosés par les eaux courantes et par les pluies.

Les différentes manières d'arroser les semis et les plantations rentrent toutes dans les quatre catégories suivantes :

1° Irrigation faite de main d'homme et sans le secours d'instruments ; telle est l'irrigation au moyen d'eaux courantes provenant de sources et de cours d'eau. On dirige cette eau en la faisant couler sur la terre lorsque celle-ci en a besoin et en la détournant quand elle en a suffisamment absorbé. C'est le procédé qui donne le plus de profit et cause le moins de dépense.

2° Irrigation de main d'homme et à l'aide d'instruments ; on emploie pour ce travail des bêtes de somme et différentes espè-

---

[1] Toujours le même silence sur les détails de l'impôt foncier en Syrie ; à l'époque de Mâwerdî, ils n'étaient évidemment plus connus.

[2] Il faut prendre ici *ziyáda* et *nuqçán* dans un sens statique, si l'on peut employer ce mot : être au-dessus, au-dessous d'une certaine limite, être plus fort ou plus faible. L'augmentation et la diminution de l'impôt se rattachent à des causes toutes différentes.

[3] Le texte porte زادة, qui ne donne pas de sens satisfaisant ; je pense qu'il faut lire زادة, nom d'action de *raduwa*, comme opposé à جودة.

ces de roues hydrauliques [1]. Ce procédé est le plus coûteux et
le plus pénible.

3° Irrigation naturelle par les eaux du ciel : la pluie, la
neige ou la rosée; les terres arrosées ainsi s'appellent *'idhy*.

4° Irrigation des champs que le sol arrose lui-même par l'humidité qu'il renferme et que les plantes absorbent par leurs
racines; ces terrains se nomment *ba'l*.

On appelle *ghail* l'eau que la terre absorbe au moyen de canaux. Si cette eau est courante, elle rentre dans la première
catégorie, sinon, dans la deuxième. On nomme *kaẓá'im* les
eaux d'arrosage prises dans des puits; si cette eau est puisée
avec des seaux, elle fait partie de la deuxième catégorie; si elle est
amenée dans des rigoles, elle prend le nom de *ghail* et rentre
dans la première catégorie [2].

Cela posé, quand on fixe l'impôt, on doit tenir compte des
trois facteurs que nous venons d'indiquer, de la variété des
terres, de la variété des récoltes et de la variété des modes
d'irrigation, afin de savoir quelle quotité d'impôt la terre peut
supporter, et de tenir la balance égale entre les cultivateurs

[1] Les *dawâlib* (sing. *dûlâb*) et les *dawâlin* (sing. *dâliya*). Le premier
de ces termes est encore en usage aujourd'hui sur les bords de l'Euphrate.

[2] Ces catégories s'appliquent à l'eau et à la terre elle-même. Sur les
termes employés ici, voir le long article du Gloss. Bel. *sub voce « ba'l; »*
en voici quelques passages résumés : *ghail* désigne : 1° un terrain
élevé qui n'est arrosé que par l'eau des pluies (comme *'idhy*) et les
palmiers croissant sur ce terrain. 2° Par extension : terre arrosée
naturellement. 3° Humidité du sol, eaux souterraines (c'est le cas ici).
— *Ghail*, d'après le texte ci-dessus, désigne l'eau des canaux et
des rigoles; d'après Qodâma, ce terme est à peu près synonyme de
saïh, qui désigne l'eau courante. *kaẓima* ou *kiẓâma* (plur. *kaẓá'im*),
d'après le Fâik : système de puits reliés par des canaux, servant à
amener l'eau d'un cours éloigné; spécialement « canal d'arrosage. » Ce
terme désigne aussi l'eau qui coule dans ces canaux, car d'après Qod.
VII, 7, *ghail*, *fath*, *saïh* et *kaẓima* sont à peu près synonymes; dans le
passage ci-dessus, ce dernier terme ne peut s'appliquer qu'à l'eau.
'Idhy est le terrain arrosé seulement par l'eau du ciel. Les bêtes de
somme employées pour l'arrosage (en général des chameaux) sont
appelées *nâdiha* et *sâniya* (Qod. VII, 7).

qui payent cet impôt et les membres de la communauté qui bénéficient des revenus publics [1]. On ne doit pas fixer un impôt trop lourd qui nuirait aux premiers, ni un impôt trop faible qui porterait préjudice aux seconds; mais il faut agir impartialement à l'égard des deux parties.

Il y a des gens qui font encore entrer en ligne de compte la distance qui sépare la terre des villes et des places de marché, parce que la valeur du terrain est en raison inverse de cette distance. Ce fait ne peut être pris en considération que pour les terres dont l'impôt se paye en argent, tandis que les trois autres s'observent aussi bien pour l'impôt en nature que pour l'impôt en argent [2]. Les remarques qui précèdent expliquent les différences qu'on remarque dans la quotité de l'impôt; il peut varier à l'infini d'un lieu à un autre.

Cependant on ne prélève pas sur la terre le maximum de l'impôt qu'elle pourrait supporter, mais on laisse aux cultivateurs un fonds de réserve (*baqiyya*) pour parer aux accidents et aux désastres qui pourraient fondre inopinément sur leurs récoltes [3]. On raconte que Haggâg écrivit à Abdalmélik ibn Merwân en lui demandant l'autorisation de mettre la main sur la réserve

---

[1] Sur *ahlu'l-ard*, voir plus haut, p. 27, note 1. *Ahlu'lfei* désigne les membres de la communauté qui ont droit aux revenus du fei; on sait que le kharâg faisait partie du fei. Le fei étant devenu une caisse de l'État affectée aux dépenses publiques, *ahlu'fei* désigne d'une manière générale la communauté envisagée comme personne civile. La distinction que Mâwerdî fait entre *ahlu'lfei* et *ahlu'ç-çadaqa* n'avait probablement plus, à son époque, qu'une valeur théorique (Mâw. p. 210, 219, etc.).

[2] Mâwerdî (p. 306) nomme les ports (*furaḍ*) à côté des marchés. Voir Bel. p. 271 avec la note au bas de la page. Nöldeke, *op.cit.* p. 241, note 1.

[3] La plupart des juristes suppriment le kharâg d'une terre dont les récoltes ont éprouvé quelque accident (Bel. p. 447). Lorsque les experts désignés pour l'arpentage du Sawâd revinrent de leur mission, Omar leur demanda s'ils n'avaient pas imposé aux contribuables des charges trop lourdes. Non, répondirent-ils, car nous leur avons laissé un fonds de réserve (*faḍl*)..... (Abû Yûsuf, f° 22ʳ). Voir aussi Yaqûbî, t. II, p. 173. *Gesch. der herrsch. Ideen*, p. 332. Omar désapprouvait toute injustice envers les dhimmi (Yaqûbî, t. II, p. 169).

(*fadl*) des revenus du Sawâd ; le calife le lui défendit : Que ton unique désir, lui répondit-il, ne soit pas d'enlever au pauvre son obole [1] ; sache aussi la lui conserver. Laisse à ces malheureux un peu de viande à cuire avec leur graisse !

Quand l'impôt est fixé sur la capacité de la terre, c'est-à-dire sur les bases que nous venons d'expliquer, on peut le prélever de trois manières différentes, et l'on choisit celle qui paraît la plus convenable à tous égards : ou l'impôt sur la mesure du terrain, ou l'impôt sur la mesure des récoltes, ou le kharâg moqâsama. Dans le premier cas, on compte par années lunaires ; dans le deuxième, par années solaires. Enfin pour le kharâg moqâsama, on prend pour point de départ l'époque de la maturité des récoltes et celle où l'on vanne les grains [2].

Lorsqu'on a choisi un de ces systèmes et qu'on en a fixé les conditions, les mesures qu'on a prises sont définitives et l'impôt ne peut être augmenté ni diminué tant qu'il ne survient aucun changement dans le mode d'irrigation et dans l'état de prospérité de la terre. Mais ces deux dernières conditions peuvent se modifier de deux manières différentes : d'une part, les modifications peuvent être produites par les cultivateurs eux-mêmes ; ainsi la fertilité du sol peut être augmentée en dérivant des cours d'eaux ou en creusant des puits, ou diminuée en restreignant la culture et en négligeant les travaux nécessaires au bon entretien de la terre [3]. Dans tous ces cas, l'impôt qui frappe les cultivateurs ne varie pas ; on les contraint ainsi à

---

[1] La leçon *là takun* est naturellement la bonne.

[2] Mâwerdî ne mentionne pas le kharâg moqâta'a, qui, on l'a vu, n'était pas un véritable impôt foncier. L'impôt sur la mesure des récoltes est un moyen terme entre les deux autres systèmes. Le fait que l'année lunaire était employée dans l'administration musulmane a déjà été cité (*Culturgeschichte*, t. I, p. 279). — *Taçfiya*, acte de vanner (Lane, *Dictionnaire*).— Abû Yûsuf (f° 60 ss.) fournit de nombreux détails sur ces opérations préliminaires de la moqâsama et confirme pleinement l'observation de Mâwerdî.

[3] *Saqqa*, dériver une partie de l'eau d'un cours (Dozy, *Supplément*). Il faut lire ﻦﻋ ﺔﻘﺣ ﻝﺎﻤﻟﺍ (p. 260, l. 13).

donner tous leurs soins à la culture, parce qu'ils ont intérêt à
augmenter le rapport de la terre; cette mesure a pour but
d'empêcher que la terre ne devienne tout à fait inculte en res-
tant longtemps en friche [1].

D'autre part, les modifications peuvent être causées par un
phénomène naturel; ainsi le rapport de la terre peut baisser à
la suite d'une fissure produite dans le lit d'un cours d'eau, ou
par le desséchement d'un ruisseau. Dans ce cas, si la répara-
tion du dommage est possible, elle incombe à l'iman et les frais
en sont faits par la caisse du Trésor affectée aux dépenses
publiques; l'impôt est suspendu aussi longtemps que la répara-
tion n'est pas achevée [2]. Si l'on ne peut y porter remède, l'impôt est définitivement supprimé au cas où le propriétaire ne

---

[1] Cette remarque ingénieuse prouve que les musulmans pouvaient
être d'excellents administrateurs; malheureusement elle est souvent
contredite par les faits. D'après ce passage, *mu'tall* indiquerait un état
d'abandon plus complet que *kharâb*. La valeur de ces termes n'est pas
parfaitement précise; *kharâb* est généralement donné comme synonyme
de *ghâmir* (Lane, *Dictionnaire*), mais dans un passage d'Abû Yûsuf,
f° 49ʳ (p. 49), ces deux mots ne sont pas synonymes. Sur *ahadha* dans
le sens de « imposer, » voir Gloss. Bel.

[2] Compar. Yaqûbî, t. II, p. 240. — *Sahmu'lmaçâliḥi*, le département
des dépenses publiques. *Fî maçâliḥi'l'âmmati* se dit de tout ce qui est
fait dans un but d'utilité publique. *'Umûmu 'lmaçâliḥi*, l'ensemble des
questions d'intérêt public (Mâw. p. 336, l. 17). *W'ugûhu'lmaçâliḥi*, questions d'utilité publique, et spécialement dépenses publiques. Mâwerdi
(p. 218) classe dans cette catégorie la solde de l'armée, les fournitures
de chevaux et d'armes de guerre, la construction des fortifications et
des ports, le traitement des imans, des juges, etc.; ailleurs il y fait rentrer l'entretien des routes, la construction des mosquées et des bâtiments
publics, les réparations de tout genre. *Arbâbû 'lmaçâliḥi*, ceux qui sont
rénumérés par l'État pour un travail public (Mâw. p. 336, ult.). *Ahlu
'lmaçâliḥi* désigne tous les employés réguliers de l'État et d'une manière
générale tous ceux qui travaillent pour l'État (Mâw. p. 337, ult.).
'Ummâlu 'lmaçâliḥi, les employés publics, surtout les employés du fisc
(Mâw. p. 341, l. 2). *Çilâtu 'lmaçâliḥi*, salaires extraordinaires, gratifica-
tion accordée pour un service ou un emploi temporaire (Mâw. p. 338,
l. 3). Dans toutes ces expressions, il faut sous-entendre *al'âmma* ou
algemâ'a, la communauté. — Sur les traitements payés par l'État, voir
Mâw. p. 340.

tire plus aucun profit de sa terre; mais si la terre peut rapporter autrement que par la culture, comme terrain de chasse ou comme pâturage, on y rétablira l'impôt en proportion du revenu fourni par la chasse ou par la pâture. Il n'en est pas de même pour les chasses et les pâturages faisant partie du terrain mort (mawât) [1]; ces dernières ne peuvent être frappées d'un impôt foncier, car le terrain mort est de propriété publique, tandis que les terres dont il est ici question sont des domaines privés.

Les mêmes causes naturelles peuvent produire une augmentation dans le rapport de la terre; tels sont les torrents provoqués par une crue d'orage, qui donnent au sol arrosé artificiellement une irrigation naturelle. Si un pareil phénomène se produit subitement et ne promet pas d'être durable, on ne peut augmenter l'impôt des cultivateurs intéressés; si, au contraire, on peut compter sur sa persistance, c'est à l'iman à concilier les intérêts des cultivateurs avec ceux de la communauté en décidant impartialement s'il y a lieu d'augmenter l'impôt ou s'il faut le laisser tel quel.

L'impôt d'une terre cultivée est prélevé même si elle n'est pas cultivée. Mâlik dit que, dans ce cas, la terre est libre d'impôt, soit que le cultivateur l'ait négligée de sa propre initiative, soit qu'il puisse alléguer une excuse. Abû Hanîfa exige l'impôt dans le premier cas seulement.

Si dans une terre produisant diverses récoltes et frappée pour cela de divers impôts, on laisse un champ en friche, ce champ ne paye que le plus faible des impôts qui pèsent sur la terre; car si le propriétaire voulait cultiver son champ et lui faire produire la récolte correspondant à ce plus faible impôt, on ne saurait s'y opposer [2].

---

[1] *Mawât* est un état du sol reconnu juridiquement; on sait que ces terres appartenaient au Trésor et que les califes en avaient la disposition. Une fois rendues à la culture, elles payaient la dîme ou le kharàg, suivant des règles sur lesquelles les auteurs ne sont pas unanimes; voir Bel. p. 448 et les sources indiquées dans ce travail, p. 13, note 1. Sur les concessions de mawât, Màw. ch. 17.

[2] On pourrait aussi traduire : Si une terre dont la culture a été

Si une terre ne peut être ensemencée que tous les deux ans,
on se base sur l'état où elle se trouvait au moment où l'impôt y
a été prélevé pour la première fois, et l'on choisit une des trois
alternatives suivantes en conciliant le mieux possible les intérêts des deux parties (cultivateurs et communauté): ou bien on
prélève chaque année la moitié de l'impôt total; la terre paye
alors l'impôt aussi bien lorsqu'elle reste en friche que lorsqu'elle est en culture ; ou bien on dédouble le nombre des gerîb,
c'est-à-dire qu'on fait compter chaque couple de gerîb pour un
seul; on obtient ainsi un résultat semblable; ou bien on exige
l'impôt total, mais seulement lorsque la terre est réellement
cultivée, et on prélève sur les cultivateurs la moitié de leurs
récoltes [1].

L'impôt variant avec les diverses cultures, si l'on cultive une
graine ou une plante pour laquelle on n'a pas prescrit de redevance, son impôt se règle sur celui de la culture qui s'en rapproche le plus par l'apparence et par les produits.

Si on cultive sur terre de kharâg des céréales soumises à la
dîme, les deux impôts sont prélevés simultanément; c'est du
moins l'avis de Shaféî, mais suivant Abû Hanîfa, on ne doit exiger que le kharâg [2].

Une terre de kharâg ne peut devenir terre de dîme et une

abandonnée payait plusieurs impôts parce qu'elle produisait diverses
récoltes, on ne prélève désormais sur cette terre que le plus faible des
impôts qu'elle payait auparavant.

[1] Bel. (p. 447) donne les diverses opinions des juristes sur l'impôt
d'une terre qui n'est pas cultivée chaque année et sur celui d'une terre
qui produit plusieurs récoltes par an.

[2] L'opinion de Shaféî est partagée par Mâlik et Hanbal. Abû Hanîfa
ne permet pas que les deux impôts soient prélevés sur la même terre
(Qod. VII, 2. Bel. p. 447. Worms, op. cit. p. 59); cette opinion paraît se
rattacher à une loi d'Omar (Bel. p. 181). On comprend qu'on ait pu
exiger les deux impôts à la fois, le kharâg étant une taxe sur le sol et
la dîme une redevance sur ses produits; cependant on ne peut guère
supposer que la dîme et le kharâg moqâsama aient été prélevés simultanément. Sur les récoltes soumises à la dîme, voir Bel. p. 56. Qod.,
VII, 7. Abû Yûsuf, f° 31 (p. 30) et passim. Culturgeschichte, t. I, p. 55.

terre de dîme ne peut devenir terre de kharàg; cependant Abû
Hanîfa le permet.

Si une terre de dîme est arrosée par de l'eau de kharàg, on
y prélève la dîme, et si une terre de kharàg est arrosée par de
l'eau de dîme, on y prélève le kharàg, parce qu'il faut, en prélevant l'impôt, tenir compte de la condition de la terre et non
de celle de l'eau. Abû Hanîfa prétend le contraire et dit qu'on
prélève le kharàg sur une terre de dîme arrosée d'eau de kharàg et la dîme sur une terre de kharàg arrosée d'eau de dîme ;
mais, à mon avis, il vaut mieux s'en tenir à la première opinion,
car le kharàg étant prélevé sur le sol et la dîme sur les récoltes,
l'eau ne paye ni dîme ni kharàg et n'a rien à voir dans la question [1].

C'est à cause de ce débat qu'Abû Hanîfa défend à ceux qui
payent le kharàg d'arroser leurs terres avec de l'eau de dîme et
à ceux qui payent la dîme d'employer de l'eau de kharàg ; Sha-
fèî laisse chacun libre d'agir à son gré.

Si l'on construit sur terre de kharàg un bâtiment quelconque
(maison d'habitation ou auberge), le kharàg ne cesse pas, car
c'est l'affaire du propriétaire de faire valoir son terrain comme
il l'entend [2]; Abû Hanîfa dégrève de l'impôt tous les terrains
qui cessent d'être mis en culture [3]. Pour moi, je suis d'avis qu'il

---

[1] D'après Worms (op. cit. p. 56 et 90), on appelle *eau de kharàg*
l'eau des fleuves navigables et celle des cours d'eau artificiels (aque-
ducs, canaux, etc.), et l'on nomme *eau de dîme* l'eau des fontaines, des
sources, des lacs et les eaux pluviales. Cette curieuse distinction se
retrouve assez souvent dans les auteurs et montre que l'impôt était
souvent déterminé par la nature de l'eau d'arrosage; on a vu plus haut
l'importance que le mode d'irrigation jouait dans l'imposition foncière.
Ce phénomène se retrouve de nos jours dans les pays musulmans : « Un
fait qui démontre à quel point l'eau constitue la véritable richesse du
pays (il s'agit des environs de Samarcande), c'est que certaines communes prélèvent les impôts, non suivant la nature et l'étendue du sol, mais
proportionnellement à l'eau que les contribuables sont en droit d'exiger. »
(Moser, *A travers l'Asie centrale*, p. 123.)

[2] C'est aussi l'avis de Màlik (Qod. VII, 2).

[3] Ce juriste dit : le cultivateur ne paye pas l'impôt pour une construction, mais il le paye pour un jardin (Qod. VII, 2); voir Bel. p. 417.

faut libérer le contribuable du kharâg sur toutes les constructions qui sont indispensables à son installation et à la culture
d'une terre soumise au kharâg; car il est obligé, pour la cultiver, d'y fixer son domicile. Mais on peut prélever l'impôt sur
toutes les constructions qui dépassent le strict nécessaire.

Si une terre de kharâg est louée ou prêtée, l'impôt est à la
charge du propriétaire seulement. Suivant Abû Hanîfa, le kharâg d'une terre louée est à la charge du propriétaire et celui
d'une terre prêtée est payé par la personne à qui on la prête[1].

---

[1] Voici sur la location foncière quelques détails empruntés à Abû
Yûsuf (f° 50ʳ, p. 50): la location reposait sur les contrats dont on a
parlé plus haut (mozâra'a, mosâqât, etc.). Quelques juristes interdisent
la location foncière; d'autres ne la permettent que dans certains cas.
Abû Yûsuf autorise la location de toutes les terres en s'appuyant sur
les contrats passés par Mahomet avec les habitants de Khaibar. Il énu-
mère les contrats faits par les successeurs de Mahomet avec les cultivateurs des domaines d'État en Arabie; ces contrats stipulaient pour
les cultivateurs une redevance de la moitié ou du tiers de la récolte
(voir aussi Bokhârî, t. II, p. 67). Ensuite, Abû Yûsuf divise la location en
plusieurs catégories, suivant les conditions fixées entre le locateur et le
locataire : 1° Le prêt sans condition ('âriya); le locataire ne paye pas de
loyer, mais il cultive la terre à ses frais. Le kharâg est à la charge du
propriétaire; si c'est une terre de dîme, c'est le locataire qui la paye.
2° Le propriétaire prend un fermier; ils partagent les frais et la récolte.
Le kharâg est à la charge du propriétaire; si c'est une terre de dîme, ils
en payent chacun la moitié. 3° Location d'une terre non cultivée (arḍ baiḍâ')
moyennant une redevance fixe en argent appelée qânûn; (c'est donc un
contrat de moqâṭa'a). Elle se fait pour un ou deux ans. Le kharâg est
à la charge du propriétaire, la dîme est payée par le locataire. Les
autres catégories renferment des contrats de mozâra'a accordant au
fermier une proportion plus ou moins forte de la récolte suivant que les
frais de culture sont faits par lui ou par le propriétaire. Dans presque
tous les cas, c'est ce dernier qui paye le kharâg; la dîme, qui est
une redevance sur la récolte, est répartie entre le propriétaire et le
fermier proportionnellement au partage de la récolte. Le cultivateur
d'une terre de waqf pouvait aussi affermer sa terre, ce qui créait une
sorte de sous-location. — Sur la location de mozâra'a, voir Mâw. p.238.
Qod. VII, 2. Bokhârî, t. II, chap. 41. Von Tornauw, das moslemitische
Recht, p. 122. — On trouve un cas où le propriétaire paye le kharâg dans
Ioth, Zwei arabische Papyri, Z. D. M. G. XXXIV, p. 685, et un exemple
où c'est le locataire qui paye cet impôt dans Karabacek, op. cit. p. 24.

Il peut s'élever une contestation entre le percepteur et le propriétaire, le premier prétendant que la terre doit payer le kharâg et le second ne voulant acquitter que la dîme; si les deux affirmations sont également admissibles, on donne raison au propriétaire; si l'on soupçonne sa véracité, on lui fait prêter serment pour lever tous les doutes. Dans les cas litigieux de ce genre, on peut s'en rapporter au témoignage des archives publiques, puisqu'on est sûr de leur exactitude et qu'on peut se fier aux employés de l'État. De pareilles contestations, d'ailleurs, ne surgissent guère qu'au sujet des terres qui sont sur la limite de deux domaines soumis à un impôt différent.

Si un cultivateur prétend avoir déjà payé le kharâg de sa terre, on ne le croit pas sur parole, mais on le fait lorsqu'il s'agit de la dîme [1]. Pour le cas du kharâg, on peut avoir recours aux archives publiques, auxquelles on peut toujours se fier; c'est l'usage habituel.

Si un cultivateur n'a pas de quoi payer son impôt, on lui accorde un délai jusqu'à ce qu'il soit en fonds. Suivant Abû Hanîfa, l'impôt est obligatoire pour tous ceux qui peuvent le payer, mais on le remet à ceux qui ne peuvent fournir leur contribution. Mais si un cultivateur qui peut payer le kharâg fait attendre sa contribution, on saisit sa personne. Si l'on découvre qu'il possède du bien, on vend ce bien pour couvrir l'impôt, comme cela se pratique pour le recouvrement des dettes. Si on ne lui trouve d'autre bien que sa terre et que le souverain en permette la vente, on en vend la quantité nécessaire pour couvrir l'impôt. Si le souverain n'autorise pas la vente, on loue la terre [2]

En général, on peut faire de curieux rapprochements entre la location musulmane et la location égyptienne, qui doit être le prototype de la première. Voir Revillout, *La location* (*Revue égyptol.* 3ᵐᵉ année, p. 126). *Un fermage du temps d'Amasis* (*Revue archéol.* 1885, p. 257).

[1] On a vu plus haut que la dîme ne passait pas nécessairement par l'intermédiaire des percepteurs de l'aumône. Voir Mâw. p. 193.

[2] Il faut ajouter dans le texte après ذلك يرى (l. 7) les mots اوجرت الارض. — Ce passage montre quelle étroite surveillance on

et on réclame le montant entier de l'impôt au locataire ; si le revenu de la terre augmente ou diminue, c'est au bénéfice ou au détriment de ce dernier.

Si le tenancier d'une terre n'est pas capable de la cultiver, on l'engage à la louer ou à renoncer à ses droits en faveur d'un autre tenancier qui se chargera de la cultiver ; mais la terre ne doit pas rester en friche même si le cultivateur en paye le kharàg, de peur qu'elle ne devienne un terrain mort [1].

On exige de tout employé du fisc, pour la va'' 'ité de sa charge, qu'il ait la liberté civile, qu'il inspire la confiance et qu'il soit capable. En outre, il y a des qualités spéciales attachées à chaque fonction : l'employé qui dirige la répartition de l'impôt doit être versé dans le droit et capable de prendre une initiative personnelle dans un cas de litige [2]; ces deux conditions ne sont pas nécessaires pour celui qui est préposé à la collecte de l'impôt seulement.

Le salaire des employés au kharàg se prélève sur le produit de cet impôt et celui des employés à l'aumône est pris sur les revenus de l'aumône ; ces salaires rentrent dans les dépenses du Trésor pour les employés, ainsi que le traitement des géomètres de l'État [3]. Pour le traitement des *qassàm* [4], les juristes

---

exerçait sur le dhimmi et prouve qu'il n'avait pas le droit de disposer de sa terre.

[1] Cette règle ne s'applique naturellement qu'aux cultivateurs de domaines d'État ; un propriétaire musulman pouvait disposer de sa terre comme il l'entendait (Bel. p. 447. Qod. VII, 2).

[2] *Min ahl'l-igtihàd*. Sur le sens juridique de ce terme, voir Sachau, *Zur ältesten Geschichte des muhammed. Rechts*, p. 10. Lane, *Dictionnaire*. Compar. Yaqùbi, t. II, p. 239.

[3] *Sahmu'l'àmilina*, le chapitre des dépenses comprenant le traitement des employés ; compar. ce qui a été dit sur *sahmu 'lmaçàlihi* p. 66, note 2. *Massàh* est le géomètre employé pour les opérations préliminaires du kharàg misàha.

[4] Zamakhşarî, *Asàsu 'lbalàgha : alqassàmu hùa'dh-dharrà'u 'l-arḍa wahirfatuhu'lqasàmatu*. Ici le qassàm est l'employé qui, après la récolte, prélève la part qui revient au gouvernement, soit pour la dîme, soit pour le kharàg moqàsama ; il remplit vis-à-vis de ces deux

ne spnt pas du même avis. Shaféî dit que le traitement de ces
employés qui partagent les récoltes soumises à la dîme ou au
kharâg moqâsama est pris tout entier sur la partie des récoltes que le souverain prélève par ces deux impôts. Suivant Abû
Hanîfa, les contribuables et le gouvernement en paient chacun
la moitié ; on évalue ces traitements à l'aide de la mesure adoptée pour ces opérations de partage [1]. Suivant Sofiân ath-Thaurî,
le salaire des qassâm du kharâg est à la charge du souverain et
celui des qassâm de la dîme est payé par les contribuables. Enfin Mâlik dit que les seconds sont payés par les contribuables
et les premiers moitié par les contribuables et moitié par le
gouvernement.

impôts le même rôle que le massâḥ pour le kharâg misâḥa. Les récoltes
étaient vannées, le grain déposé dans des granges (*bayâdir*), puis mesuré
et partagé dans la proportion exigée. Quand la moqâsama se payait en
argent, les récoltes étaient vendues et le prix de vente partagé dans la
même proportion (Abû Yûsuf, f° 60, p. 60. Qod. VII, 7).

[1] Cette mesure était le *kail* (Abû Yûsuf, *loc. cit.*); *min açli 'lkaili*
signifie « d'après la mesure ordinaire, » *ausgehend von, d.h. mit Benützung
des gewöhnlichen Massstabes* (Dozy, *Supplément* : *açlu 'iḍâ'ihi*, sa solde
ordinaire). Le salaire du qassâm était donc payé en nature. — Sur les
diverses espèces de kail, voir Abû Yûsuf, *loc. cit.*; ce chapitre est fort
important pour tout ce qui concerne les récoltes et les redevances en
nature. — Ce dernier passage de Mâwerdî se retrouve tout entier dans
Qodâma.

TABLE

www.ingramcontent.com/pod-product-compliance
Lightning Source LLC
Chambersburg PA
CBHW071252200326
41521CB00009B/1735